Dicionário de Inglês Corporativo

ADRIANA GRADE FIORI SOUZA
GISELE CILLI DA COSTA
LEONILDE FAVORETO DE MELLO
REGINA HELENA MACHADO AQUINO CORRÊA

Dicionário de Inglês Corporativo

DISAL EDITORA

Edição: Renato Potenza
Assistente editorial: Gabriela Canato
Capa: Rosana Martinelli
Projeto gráfico e diagramação: Verba Editorial
Preparação de texto: Vivian Miwa Matsushita
Revisão de texto: José Muniz Jr.
Índice remissivo e Index: Thaíse Costa

Dados Internacionais de Catalogação na Publicação (CIP)
(Câmara Brasileira do Livro, SP, Brasil)

Dicionário de inglês corporativo / Adriana Grade Fiori Souza... [et al.]. — São Paulo : DISAL, 2006.

ISBN 85-89533-60-3
Outros autores: Gisele Cilli da Costa, Leonilde Favoreto de Mello, Regina Helena Machado Aquino Corrêa

1. Inglês — Dicionários — Português I. Souza, Adriana Grade Fiori. II. Costa, Giselli Cilli da. III. Mello, Leonilde Favoreto de. IV. Corrêa, Regina Helena Machado Aquino.

06-9030 CDD-423.69

Índices para catálogo sistemático:
1. Dicionários : Inglês corporativo : Português 423.69
2. Inglês corporativo : Dicionários : Português 423.69

DISAL EDITORA

Alameda Mamoré, 911 - cj 107
Alphaville — BARUERI — SP
CEP: 06454-040
Tel./Fax: 4195 2811
Visite nosso site: www.disaleditora.com.br
Televendas: (11) 3226-3111
Fax gratuito: 0800 7707 105/106
E-mail para pedidos: comercialdisal@disal.com.br

APRESENTAÇÃO

Este dicionário nasceu da nossa experiência enquanto professoras de curso de graduação voltado para o ensino de inglês na área empresarial, na Universidade Estadual de Londrina. O público-alvo, portanto, era muito específico, com necessidades de construção de um discurso constituído de um léxico especializado. Dessa forma, os alunos se tornaram parceiros na construção deste projeto, pois a todo o momento as necessidades de alunos ainda não atuantes e daqueles já inseridos no mercado de trabalho eram consideradas tanto dentro do processo ensino–aprendizagem quanto como auxílio para a organização de um material que viesse ao encontro dos anseios de professores, profissionais e estudantes.

Assim, com o intuito de facilitar a pesquisa o *Dicionário de Inglês Corporativo* está organizado, na sua macroestrutura, em campos conceituais, tais como: Atividades e Eventos; Cargos e Funções; Departamentos, Divisões e Organizações; entre outros. Nos campos conceituais, os termos estão dispostos em ordem alfabética. Encontram-se ainda Abreviaturas, Expressões de Tempo e os Incotermos. Ao final do dicionário foram incluídos um índice remissivo em português e um *index* em inglês, que visam agilizar a busca de termos em ambas as direções.

Pelo caráter didático do dicionário, preocupamo-nos com o registro dos termos dentro de contextos específicos, em detrimento do registro de simples equivalências, pois é o contexto que legitima a relação noção-designação, em uma situação real de uso.

A compilação dos termos e respectivos contextos foi feita em livros, revistas, dicionários, cartas comerciais, documentos e vários outros meios de comunicação da área empresarial. Claro está que o trabalho não se esgota aqui, quanto mais considerando que a língua não é estável e a todo momento surgirão novos termos e novos usos que precisarão ser futuramente incorporados.

As autoras

Lista de Abreviações e Símbolos

Abreviações

adj.	adjective/adjetivo
AE	American English
BE	British English
s.	substantive
s.f.	substantivo feminino
s.f.pl.	substantivo feminino plural
s.m.	substantivo masculino
s.m.pl.	substantivo masculino plural
s.pl.	substantivo plural
v.	verb/verbo
vt.	ver também

Símbolos

»	emprego e usos do termo
+	notas explicativas
■	sinônimo em inglês
□	sinônimo em português
►	tradução dos exemplos
∆	variações do termo

ATIVIDADES E EVENTOS

aposentadoria *s.f.* | ***retirement*** *s.*

1. The age of *retirement* for women in Brazil is 55. ▶ *A idade para a aposentadoria das mulheres no Brasil é 55 anos.* **2.** After 35 years of work, he is finally planning his *retirement.* ▶ *Depois de 35 anos de trabalho, ele está finalmente planejando sua aposentadoria.*

apresentação *s.f.* | ***presentation*** *s.*

1. Mr Souza is giving a *presentation* on sales strategies next week. ▶ *O Sr. Souza vai fazer uma apresentação sobre estratégias de venda na próxima semana.* » **fazer uma apresentação** – to give/make a *presentation.*

assembléia *s.f.* | ***assembly*** *s.*

1. Most of the our workers took part in the Labor Union *assembly* where important decisions concerning salary raise next May were made. ▶ *A maioria dos nossos empregados participou da assembléia do sindicato na qual foram tomadas decisões importantes sobre aumento de salário para o próximo mês de maio.*

assembléia geral anual *s.f.* | ***annual general meeting*** *s.* [AGM]

1. A new staff will be announced at the *annual general meeting.* ▶ *Uma nova equipe de trabalho será anunciada na assembléia geral anual. vt.* ***assembléia geral extraordinária.***

assembléia geral extraordinária *s.f.* | ***extraordinary general meeting*** *s.* [EGM]

1. The chairman asked his secretary to call an *extraordinary general meeting* to discuss important management changes. ▶ *O presidente da empresa pediu para sua secretária convocar uma assembléia geral extraordinária a fim de discutir mudanças administrativas importantes.* » **convocar uma reunião geral anual** – to call an *extraordinary general meeting;* » **estar presente em uma reunião geral extraordinária** – to be present at an *extraordinary general meeting;* » **tomar**

parte em uma reunião geral extraordinária – to attend an *extraordinary general meeting*. *vt.* ***assembléia geral anual***.

bate-papo *s.m.* | ***chat*** *s.*

1. I suggest that we get together for a *chat*. ► *Sugiro que nos encontremos para um bate-papo.*

bufê *s.m.* | ***buffet*** *s.*

1. Please let us know whether you want a *buffet* or a served lunch. ► *Por favor nos informe se os senhores preferem um bufê ou um almoço servido à la carte.*

comemoração *s.f.* | ***celebration*** *s.*

1. There will be a *celebration* to commemorate the company's success on its new product launch in the market. ► *Haverá uma comemoração na empresa para celebrarmos o sucesso do lançamento do novo produto no mercado.* » **agendar uma comemoração** – to arrange a *celebration*; » **convocar uma comemoração** – to call for a *celebration*; » **organizar uma comemoração** – to organize a *celebration*; » **realizar uma comemoração** – to hold a *celebration*; » **ter uma comemoração** – to have a *celebration*.

compromisso *s.m.* | ***appointment*** *s.*

1. Mr Camargo called you yesterday morning to make an *appointment* for next week. ► *O Sr. Camargo ligou ontem de manhã para marcar um compromisso para a próxima semana.* **2.** The *appointment* you had with the R & D manager was canceled. ► *O compromisso que o senhor tinha com o gerente do departamento de pesquisa e desenvolvimento foi cancelado.* » **adiar um compromisso** – to postpone an *appointment*; » **cancelar um compromisso** – to cancel/call off an *appointment*; » **confirmar compromisso** – to confirm an *appointment*; » **manter um compromisso** – to keep an *appointment*; » **marcar compromisso/horário** – to make/fix/set an *appointment*; » **remarcar um compromisso/horário** – to rearrange/reschedule an *appointment*; » **perder compromisso** – to miss an *appointment*; » **ter compromisso** – to have an *appointment*. □ horário. ■ engagement. *vt.* ***agenda***.

conferência *s.f.* | ***conference*** *s.*

1. The new sales strategy will be discussed during the company's annual *conference* in January. ► *A nova estratégia de vendas da companhia será discutida durante a conferência anual em janeiro.* **» convocar uma conferência** – to call/convene a *conference*; **» dar uma conferência** – to speak at a *conference*; **» ir a uma conferência** – to attend/go to a *conference*; **» presidir uma conferência** – to preside over a *conference*; **» realizar uma conferência** – to hold a *conference. vt.* ***reunião***, ***sala de conferência***, ***conferência de marketing***.

conferência de marketing *s.f.* | ***marketing conference*** *s.*

1. There will be a sales and *marketing conference* in Manchester next month. ► *Haverá uma conferência de vendas e marketing em Manchester no próximo mês. vt.* ***conferência***.

congresso *s.m.* | ***congress*** *s.*

1. Last year's international automotive industry workers *congress*, in Detroit, was very successful. ► *O congresso internacional dos trabalhadores da indústria automotiva realizado no ano passado em Detroit foi um sucesso.* **2.** The medical *congress* this year will be discussing the new health problems modern men have because of technology. ► *Este ano, o congresso médico discutirá os novos problemas de saúde que atingem o homem moderno e são provocados pela tecnologia. vt.* ***reunião***.

convenção *s.f.* | ***convention*** *s.*

1. The Ninth International *Convention* of Linguists is being held in Connecticut this year. ► *A Nona Convenção Internacional de Lingüistas está sendo realizada em Connecticut este ano. vt.* ***reunião***.

curso *s.m.* | ***course*** *s.*

1. Could you send brochures on your *courses* for executive secretaries? ► *Vocês poderiam me mandar folhetos sobre seus cursos para secretárias executivas?* **2.** We offer hands-on training *courses* in computing. ► *Nós oferecemos cursos práticos* *em computação.* » **desistir de um curso** – to drop out of a *course*; » **fazer um curso** – to do/take a *course*; » **matricular-se/inscrever-se em um curso** – to enrol/to register/sign up for a *course*; » **oferecer um curso** – to offer/run a *course*; » **participar de um curso** – to attend a *course.*

discussão *s.f.* | ***discussion*** *s.*

1. After having a long *discussion* of the salary raise issue, the labor union decided to accept our offer. ► *Depois de uma longa discussão sobre a questão do aumento salarial, o sindicato trabalhista decidiu aceitar a nossa oferta.* » **ter uma discussão** – to have/to hold a *discussion*; » **participar de uma discussão** – to be involved in/to join in/to participate in/to take part in a *discussion*; » **conduzir uma discussão** – to lead a *discussion.* □ debate.

entrevista *s.f.* | ***interview*** *s.*

1. Next week the Human Resource will be holding *interviews* for the job of executive secretary. ► *Na próxima semana o departamento de recursos humanos realizará as entrevistas para o cargo de secretária executiva.* **2.** Your *interview* is scheduled for Tuesday at 2 pm. ► *Sua entrevista está agendada para terça-feira às 2 horas da tarde.* » **ser convocado/chamado para entrevista** – to be called for an *interview*; » **conceder uma entrevista** – to give/grant an *interview*; » **conduzir uma entrevista** – to conduct an *interview*; »**ir a uma entrevista** – to attend/go for an *interview*; » **ter uma entrevista** – to have an *interview. vt.* ***entrevistado***, ***entrevistador.***

exposição *s.f.* | ***exhibition*** *s.*

1. We are pleased to inform you that an *exhibition* of our products will be taking place in Londrina on April 10th. ► *Temos a satisfação de informá-los de que uma exposição dos nossos produtos acontecerá em Londrina no dia 10 de abril.* **2.** Please reserve the open-air stand no. 44 for the exhibition in São Paulo. ► *Solicitamos que nos reserve o estande ao ar livre de número 44 para a exposição em São Paulo.* » **abrir uma exposição** – to open an *exhibition*;

» **agendar uma exposição** – to arrange/schedule an *exhibition*; » **lançar uma exposição** – to launch an *exhibition*; » **organizar uma exposição** – to organize an *exhibition*; » **realizar uma exposição** – to hold an *exhibition*; » **sediar uma exposição** – to house an *exhibition*; » **visitar uma exposição** – to visit an *exhibition*. *vt.* ***expositor***, ***feira de negócios***.

feira de negócios *s.f.* | ***trade fair*** *s.*

1. At the *trade fair* in São Paulo from 22 to 30 March our goods will be on exhibition at the German stand in Hall 17 ▶ *Na feira de negócios em São Paulo, de 22 a 30 de março, nossos produtos estarão expostos no estande da Alemanha, no pavilhão 17.* » **organizar uma feira de negócios** – to organize a *trade fair*; » **realizar uma feira de negócios** – to hold a *trade fair*; » **visitar uma feira de negócios** – to visit a *trade fair*. ■ trade show, trade exhibition. *vt.* ***exposição***.

inauguração *s.f.* | ***opening*** *s.*

1. The *opening* of the new branch will be held next month. ▶ *A inauguração da nova filial será mês que vem.*

intervalo *s.m.* | ***break*** *s.*

1. We've been working through the night without a *break* to keep up the deadline. ▶ *Estamos trabalhando a noite toda sem intervalo para cumprir o prazo.* **2.** They will be expected to work their normal period of eight hours, with a 45-minute *break* for lunch. ▶ *Espera-se que eles cumpram o seu período normal de trabalho de oito horas, com 45 minutos de intervalo para o almoço.* □ pausa. *vt.* ***intervalo para o café***, ***intervalo para o almoço***.

intervalo para café *s.m.* | ***coffee break*** *s.*

1. We've met during the *coffee break* at the seminar. ▶ *Nos conhecemos durante o intervalo para café no seminário. vt.* ***intervalo***.

intervalo para o almoço *s.m.* | ***lunch break*** *s.*

1. Well, the *lunch break* is between twelve and two. ▶ *Bem, o intervalo para o almoço é entre meio-dia e duas da tarde. vt.* ***intervalo.***

lançamento *s.m.* | ***launch*** *s.*

1. The marketing department is preparing for the *launch* of the new product. ▶ *O departamento de marketing está preparando o lançamento do novo produto.* » **atrasar o lançamento** – to delay the *launch*; » **cancelar o lançamento** – to cancel the *launch*; » **ir a um lançamento** – to attend/go to a *launch*; » **ficar pronto para o lançamento** – to get ready for the *launch*; » **planejar o lançamento** – to plan the *launch*; » **preparar para o lançamento** – to prepare for the *launch.*

mostra *s.f.* | ***showcase*** *s.*

1. The conference is intended to be a *showcase* for leading-edge technology. ▶ *A conferência pretende ser uma mostra da tecnologia de ponta.*

palestra *s.f.* | ***talk*** *s.*

1. He gave a *talk* about international market. ▶ *Ele deu uma palestra sobre mercado internacional.* » **dar/fazer uma palestra** – to give a *talk*; » **preparar uma palestra** – to prepare a *talk.* ■ lecture.

preparativos *s.m.pl.* | ***arrangements*** *s.pl.*

1. Don't worry. All the necessary travel *arrangements* have been made. ▶ *Não se preocupe. Todos os preparativos para a viagem foram providenciados.* **2.** I'm phoning to confirm the arrangements for your visit to New York. ▶ *Eu estou telefonando para confirmar os preparativos da sua visita a Nova York.* » **cancelar as providências/os preparativos** – to cancel the *arrangements*; » **confirmar providências/preparativos** – to confirm *arrangements*; » **tomar providências** – to make *arrangements.* □ providências. ■ preparations.

promoção *s.f.* | ***promotion*** *s.*

1. Mr Mello has finally got the *promotion* he aimed for. ► *O Sr. Mello finalmente obteve a promoção que ele almejava.* » **conseguir a promoção** – to get the *promotion*; » **dar a promoção** – to give the *promotion.*

protocolo *s.m.* | ***protocol*** *s.*

1. During the event the president of the company breached *protocol* to make an attack on the government's current interest rate policy. ► *Durante o evento o presidente da empresa quebrou o protocolo para atacar a atual política de taxa de juros do governo.* **2.** *Protocol* demands that a typical Brazilian meal should be offered to foreign visitors to the company during their stay. ► *O protocolo exige que uma refeição tipicamente brasileira seja oferecida aos estrangeiros que visitam a empresa durante sua estadia no país.* » **quebrar o protocolo** – to break/breach *protocol.*

seminário *s.m.* | ***seminar*** *s.*

1. The association is holding a *seminar* to highlight opportunities in the Japanese market. ► *A associação está realizando um seminário para ressaltar as oportunidades existentes no mercado japonês. vt.* ***reunião.***

simpósio *s.m.* | ***symposium*** *s.*

1. WOB company sponsored a *symposium* on degradable plastic and environment in Chicago last year. ► *No ano passado, a WOB patrocinou um simpósio em Chicago sobre plástico degradável e meio ambiente. vt.* ***reunião.***

teleconferência *s.f.* | ***teleconference*** *s.*

Reunião que utiliza telecomunicações para possibilitar que as pessoas em locais distantes entre si possam conferenciar como se estivessem presentes fisicamente em uma reunião. Os principais equipamentos utilizados em uma teleconferência são terminais conectados a sistemas de computador e um sistema de vídeo que transmite imagens e som de um local para outro. **1.** I've arranged a *teleconference* with the New York branch for next week. ► *Eu agendei uma teleconferência com a filial de Nova York para a próxima semana.* ■ teleconferencing. *vt.* ***reunião***, ***videoconferência.***

viagem de negócios *s.f.* | ***business trip*** *s.*

1. He had to postpone his *business trip* to Japan due to some last minute appointments. ► *Ele teve que adiar sua viagem de negócios ao Japão devido a alguns compromissos de última hora.* » **adiar uma viagem de negócios** – to postpone a *business trip*; » **agendar uma viagem de negócios** – to arrange schedule a *business trip*; » **cancelar uma viagem de negócios** – to cancel a *business trip*; » **fazer uma viagem de negócios** – to make/take a *business trip*; » **ir a uma viagem de negócios** – to go for/on a *business trip*.

videoconferência *s.f.* | ***video-conferencing*** *s.*

Sistema de reunião que permite que várias pessoas se comuniquem entre si, através de um equipamento especial que transmite imagem e som. **1.** I don't think *video-conferencing* will ever replace traditional face-to-face meetings. ► *Eu não acho que uma videoconferência irá substituir as reuniões tradicionais.* » **agendar uma videoconferência** – to arrange a *video-conferencing*; » **conduzir uma videoconferência** – to conduct a *video-conferencing*; » **realizar uma videoconferência** – to hold a *video-conferencing*. ■ videoconference. *vt.* ***reunião***, ***teleconferência***.

workshop *s.m.* | ***workshop*** *s.*

Atividade na qual as pessoas discutem suas experiências e fazem exercícios práticos a fim de encontrar soluções para problemas. **1.** The company has recently held some *workshops* on sales improvement. ► *A empresa tem oferecido alguns workshops em melhoria de vendas. vt.* ***reunião***.

CARGOS E FUNÇÕES

acionista *s.m.f.* | ***stockholder*** *s.*

1. This year's figures will definitely please the company's *stockholders* ► *Os números deste ano certamente agradarão os acionistas da companhia.* **2.** A *stockholders'* meeting is scheduled for next week. ► *Uma reunião de acionistas está agendada para a semana que vem.* ▲ shareholder (BE).

advogado *s.m.* | ***attorney*** *s.*

1. He was appointed the company's *attorney* in the case. ► *Ele foi indicado como advogado da empresa no caso.* **2.** The matter is being dealt with by my *attorney* ► O caso está sendo tratado pelo meu advogado. » **consultar um advogado** – to consult an *attorney*; » **contratar um advogado** – to hire an *attorney*. ▲ lawyer (BE). ■ lawyer.

analista *s.m.f.* | ***analyst*** *s.*

1. The financial results are being looked into by an *analyst.* ► *Os resultados financeiros estão sendo examinados por um analista.* **2.** The *analyst* advised us to lay off 5% of the employees in order to balance expenses. ► *O analista nos aconselhou a demitir cinco por cento dos funcionários a fim de equilibrar as despesas. vt.* ***analista de crédito***, ***analista de custos***, ***analista de sistemas***.

analista de crédito *s.m.f.* | ***credit analyst*** *s.*

1. *Credit analysts* believe the company's health will only improve if junk bonds are no longer issued. ► *Os analistas de crédito acreditam que a situação da empresa somente poderá melhorar se não houver mais nenhuma emissão de títulos. vt.* ***analista***.

analista de custos *s.m.f.* | ***cost analyst*** *s.*

1. A *cost analyst* should examine your project before it is submitted to the board of directors. ► *Um analista de custos deveria examinar o seu projeto antes que seja submetido ao conselho administrativo. vt.* ***analista***.

analista de sistemas *s.m.f.* | ***systems analyst*** *s.*

1. A *systems analyst* will be employed to develop graphic softwares for the company. ► *Um analista de sistemas será contratado para desenvolver programas gráficos para a empresa. vt.* ***analista***.

assistente *s.m.f.* | ***assistant*** *s.* [asst]

1. We will need at least two new *assistants* over Christmas. ► *Nós precisaremos de pelo menos dois novos assistentes no período de Natal.* **2.** He has been a sales *assistant* at IBM for ten years. ► *Ele trabalha como assistente de vendas da IBM há 10 anos.* □ ajudante, auxiliar. *vt.* ***assistente administrativo***.

assistente administrativo *s.m.f.* | ***administrative assistant*** *s.* [adm asst]

1. The *administrative assistant* is in charge of supervising the staff's routine clerical duties. ► *O assistente administrativo é encarregado de supervisionar as tarefas administrativas rotineiras dos funcionários. vt.* ***assistente***.

atacadista *s.m.f.* | ***wholesaler*** *s.*

1. IBM has just had a supply of 500 swivel chairs straight from the *wholesaler*. ► *A IBM acabou de receber um fornecimento de 500 cadeiras giratórias diretamente do atacadista. vt.* ***varejista***.

auditor *s.m.* | ***auditor*** *s.*

1. The *auditor* insisted on examining the accounts in spite of the company's reports of financial success. ► *O auditor insistiu em examinar a contabilidade, apesar dos relatórios demonstrarem sucesso financeiro da empresa. vt.* ***auditor interno***; ***auditor externo***.

auditor externo *s.m.* | ***external auditor*** *s.*

1. An *external auditor* was appointed by the shareholders in order to obtain reliable information on the company accounts. ► *Um auditor externo foi indi-*

cado pelos acionistas a fim de obter informações confiáveis sobre a contabilidade da empresa. vt. ***auditor*****,** ***auditor interno*****.**

auditor interno *s.m.* | ***internal auditor*** *s.*

1. The airline company has hired the services of an *internal auditor* to look into the accounts regurlarly. ► *A companhia aérea contratou os serviços de um auditor interno para investigar a contabilidade regularmente. vt.* ***auditor*****,** ***auditor externo*****.**

avaliador *s.m.* | ***evaluator*** *s.*

1. I will ask my own *evaluator* to calculate the value of the site that our company is interested in buying. ► *Eu pedirei ao meu próprio avaliador para calcular o valor do terreno que a nossa empresa está interessada em comprar.* □ assessor.

caixa *s.m.f.* | ***cashier*** *s.*

1. The head *cashier* is in charge of examining the petty cash book, receipts and vouchers. ► *O chefe dos caixas é responsável pelo controle do livro-caixa, recibos e comprovantes. vt.* ***auditor*****,** ***auditor externo*****.**

candidato (a um emprego) *s.m.* | ***applicant*** *s.*

1. I've read all these résumés. Now let's schedule an interview for each *applicant.* ► *Eu li todos os currículos. Agora vamos agendar uma entrevista com cada candidato.* ■ candidate.

cargo *s.m.* | ***position*** *s.*

1. Betty has applied for the *position* of bilingual secretary at a multinational company. ► *Betty se candidatou ao cargo de secretária bilíngüe em uma empresa multinacional.* » **candidatar-se a um cargo** – to apply for a *position*; » **assumir um cargo** – to take up a *position*; » **renunciar a/deixar um cargo** – to quit/leave/resign a *position*; » **indicar alguém para um cargo** – to appoint somebody to a *position*; » **demitir alguém de um cargo** – to dismiss somebody from/relieve somebody of a *position.* ▲ post (BE). □ emprego, posto.

chefe *s.m.f.* | ***boss*** *s.*

1. My *boss* is a very easy person to work with. ▶ *Meu chefe é uma pessoa muito fácil de se lidar.* **2.** I have monthly meetings with my *boss.* ▶ *Eu tenho reuniões mensais com o meu chefe.* □ patrão. *vt.* ***chefe de contabilidade***.

chefe de contabilidade *s.m.f.* | ***chief accountant*** *s.*

1. The *chief accountant* is responsible for preparing the company's annual accounts. ▶ *O chefe da contabilidade é responsável pela elaboração do relatório financeiro anual da empresa.* ■ controller. *vt.* ***chefe***.

chefe de operações *s.m.f.* | ***chief operating officer*** *s.* [COO]

1. As a *chief operating officer*, Mr Ferreto has a lot of experience in managing the daily activities of the company. ▶ *Como chefe de operações, o Sr. Ferreto tem bastante experiência em gerenciar as atividades rotineiras de uma empresa.*

cliente *s.m.f.* | ***client*** *s.*

1. The engineer is meeting two new *clients* tomorrow. ▶ *O engenheiro vai encontrar-se com dois novos clientes amanhã.* » **receber/atender cliente** – to see/receive a *client*. □ freguês. ■ customer. **+ 1.** Normalmente o termo *client* é usado para determinar a pessoa ou organização que compra serviços. **2.** O termo *customer* refere-se à pessoa ou organização que compra produtos. *vt.* ***consumidor***, ***usuário***.

cliente preferencial *s.m.f.* | ***preferred customer*** *s.*

1. Because you're a *preferred customer*, we'd like to offer you a special discount on this new line of toys. ▶ *Porque você é um cliente preferencial, nós gostaríamos de lhe oferecer um desconto especial nessa nova linha de brinquedos.*

colega de trabalho *s.m.f.* | ***colleague*** *s.*

1. I usually have lunch with a *colleague* from work. ▶ *Eu geralmente almoço com um colega de trabalho.* **2.** I'd like you to meet my *colleague* Robert. ▶ *Eu gostaria* *de lhe apresentar meu colega Robert.* » **se dar bem com um colega** – to get along/on well with a *colleague.* ■ co-worker.

comerciante *s.m.f.* | ***trader*** *s.*

1. A local toy *trader* is interested in opening a store in the new shopping center. ► *Um comerciante local de brinquedos está interessado em abrir uma loja no novo shopping center.*

comprador[1] *s.m.* | ***buyer*** *s.*

Pessoa que compra algo. **1.** I have just found a *buyer* for my flat. ► *Eu acabei de encontrar um comprador para o meu apartamento. vt.* ***vendedor.***

comprador[2] *s.m.* | ***buyer*** *s.*

Pessoa ou empresa que faz transações comerciais para uma outra empresa. **1.** The *buyer* of the company is in charge of negotiating competitive prices with suppliers. ► *O comprador da empresa é responsável pela negociação de preços competitivos com fornecedores.*

concorrente *s.m.f.* | ***competitor*** *s.*

1. There are many *competitors* in the hotel business in our city. ► *Há muitos concorrentes no ramo de hotéis em nossa cidade.* **2.** Our *competitors'* prices are lower than ours. ► *Os preços de nossos concorrentes são mais baixos que os nossos.*

consignador *s.m.* | ***consignor*** *s.*

1. The *consignor* has arranged for the books to be delivered in a week. ► *O consignador providenciou para daqui uma semana a remessa dos livros.* ■ sender. *vt.* ***consignatário.*** **+** Em inglês o termo *consignor* também se refere à pessoa ou organização que envia mercadoria para atender o pedido feito pelo cliente.

consignatário *s.m.* | ***consignee*** *s.*

1. Please, e-mail the *consignee* to inform the delivery date. ▶ *Por favor, envie um e-mail para o consignatário para informar a data de entrega.* **2.** The *consignee* has faxed us to complain that the goods were overdue. ▶ *O consignatário enviou-nos um fax reclamando que a mercadoria estava atrasada.* ■ receiver. *vt.* ***consignador***.

consultor *s.m.* | ***consultant*** *s.*

1. A *consultant* was hired to advise the company on future investments. ▶ *Um consultor foi contratado para aconselhar a empresa sobre investimentos futuros.* **2.** The computer *consultant* suggested that we invest more in new software for the company. ▶ *O consultor em informática nos sugeriu que investíssemos mais em novos programas para a empresa.*

consumidor *s.m.* | ***consumer*** *s.*

1. Nowadays *consumers* are more aware of their rights and will no longer accept faulty goods. ▶ *Atualmente, os consumidores estão mais cientes de seus direitos e não aceitarão mais mercadorias com defeito.* **2.** *Consumers* have at their disposal several services which allow them to pay their bills online. ▶ *Os consumidores dispõem de vários serviços que possibilitam o pagamento on-line de contas.* ■ end user. *vt.* ***cliente***, ***fabricante***, ***departamento de atendimento ao consumidor***, ***usuário***.

contador *s.m.* | ***accountant*** *s.*

1. Government may use the *accountant*'s reports to tell how much tax a company should pay. ▶ *O governo pode usar os relatórios do contador para definir o valor do imposto que uma empresa deve pagar.*

contínuo *s.m.* | ***(office) boy*** *s.m.*

1. The *(office) boy* had to make deposits and payments at the bank three times a week. ▶ *O contínuo tinha que fazer depósitos e pagamentos no banco três vezes por semana.* **2.** The secretary asked the *(office) boy* to go to the bank. ▶ *A secretária pediu ao (office) boy que fosse ao banco.* **+** O termo *office boy* já está incorporado à língua portuguesa, sendo, portanto, mais utilizado que o seu correspondente em português.

coordenador *s.m.* | ***coordinator*** *s.*

1. We will need a *coordinator* for the conference, someone who will be in charge of all details – from setting up the conference room to welcoming participants. ► *Nós precisaremos de um coordenador para a conferência, alguém que se responsabilize por todos os detalhes – desde preparar a sala de conferência até receber os participantes. vt.* ***coordenador da reunião.***

coordenador da reunião *s.m.* | ***chairman*** *s.m.*

1. The *chairman* will conduct a meeting between the directors and shareholders of the company. ► *O coordenador da reunião conduzirá uma reunião entre os diretores e os acionistas da empresa.* ■ chairperson, chairwoman. **+** O termo *chairman*, em inglês britânico, é usado também para se referir ao cargo de presidente de uma empresa. *vt.* ***coordenador.***

corretor de seguros *s.m.* | ***insurance broker*** *s.*

1. I'd like to consult an *insurance broker* before signing the contract with the insurer. ► *Eu gostaria de consultar um corretor de seguros antes de assinar o contrato com a seguradora.*

credor *s.m.* | ***creditor*** *s.*

1. That small software company has gone bankrupt and can't pay its *creditors.* ► *Aquela pequena empresa de software faliu e não pode mais pagar seus credores.* **2.** Our main *creditor* is OfficeMax Office Supplies. ► *O nosso maior credor é a loja de equipamentos de escritório OfficeMax . vt.* ***devedor.***

delegação *s.f.* | ***delegation*** *s.*

1. A *delegation* of athletes from the USA have come to Brazil for the São Silvestre annual marathon. ► *Uma delegação de atletas dos Estados Unidos veio ao Brasil* *para a maratona anual de São Silvestre.* **2.** The students' *delegation* takes the charge of representing every student in this Faculty before the different competent organizations of the University. ► *A delegação de alunos é responsável por representar cada um dos alunos dessa faculdade perante as diferentes organizações competentes da universidade. vt.* ***delegado.***

delegado *s.m.* | ***delegate*** *s.*

1. This year's annual sales conference has brought together over 90 *delegates.* ► *A conferência anual de vendas deste ano reuniu mais de noventa delegados.* **2.** *Delegates* have voted in favor of the motion to make the trade & technology fair a biannual event. ► *Os delegados votaram a favor da proposta de tornar a feira de comércio e tecnologia um evento bianual. vt.* ***delegação.***

destinatário *s.m.* | ***addressee*** *s.*

1. You have forgotten to add the *addressee*'s name on the envelope. ► *Você se esqueceu de acrescentar o nome do destinatário no envelope. vt.* ***remetente.***

devedor *s.m.* | ***debtor*** *s.* [Dr]

1. Legal action will be taken if the *debtor* fails to pay off his debts within 60 days of the loan. ► *Providências legais serão tomadas se o devedor não efetuar o pagamento de seus débitos em até sessenta dias após o empréstimo.* » **processar um devedor** – to sue a *debtor*; » **tomar medidas/demandar contra o devedor** – to take action against a *debtor. vt.* ***credor***, ***pagador.***

digitador *s.m.* | ***typist*** *s.*

1. She has been working as a *typist* for this company for over ten years. ► *Ela trabalha como datilógrafa para esta empresa há mais de dez anos.* **2.** Mrs Oliveira works as a *typist* for an importing company. ► *A Sra. Oliveira trabalha como datilógrafa para uma companhia de importação.* ■ keyboarder. □ datilógrafo.

diretor da companhia *s.m.* | ***(company) director*** *s.*

1. Mr Roberts was appointed *director* after just two years working for the company. ▶ *Sr. Roberts foi eleito diretor depois de apenas dois anos trabalhando para a empresa.* » **indicar/nomear um diretor** – to appoint a *director*.

diretor executivo *s.m.* | ***managing director*** *s.* [MD/M.D.]

1. Your mandate as *managing diretor* in our company will be to achieve significant and sustainable profit growth. ▶ *O seu mandato como diretor executivo em nossa empresa será para obter um crescimento significante e sustentável dos lucros.* ✚ A função de diretor executivo geralmente é exercida pelo presidente da empresa. *vt.* ***presidente.***

diretor financeiro *s.m.* | ***chief financial officer*** *s.* [CFO]

1. A *chief financial officer* usually deals with all audit and tax law matters of a company. ▶ *Um diretor financeiro geralmente é responsável por todas as questões legais relativas à auditoria e aos impostos de uma empresa.* ■ financial/finance director.

diretor-geral *s.m.* | ***chief executive officer*** *s.* [CEO]

1. The *chief executive officer* is the most important role in the management of an organization. ▶ *O diretor-geral tem o papel mais importante no gerenciamento de uma organização.* **2.** As a *chief executive officer*, Mr Ferrari has to work long hours and travel a lot on business. ▶ *Como diretor-geral da empresa, o Sr. Ferrari tem que trabalhar e viajar muito a negócios.* □ superintendente.

diretor de informática *s.m.* | ***chief information officer*** *s.* [CIO]

1. The *chief information officer* is proposing new changes in the information technology department. ▶ *O diretor de informática está propondo novas mudanças no departamento de tecnologia da informação.*

diretoria *s.f.* | ***board*** *s.*

1. The *board* is/are discussing future business lines. ► *A diretoria está discutindo futuras linhas de negócios.* ■ board of directors.

distribuidor *s.m.* | ***distributor*** *s.*

1. Unfortunately, we cannot count on our French *distributor* anymore. ► *Infelizmente, não podemos mais contar com nosso distribuidor francês.*

empregador *s.m.* | ***employer*** *s.*

1. She resigned from her job as executive secretary because her *employer* is a very harsh man. ► *Ela se demitiu do emprego de secretária executiva porque seu empregador era um homem muito severo. vt.* ***funcionário***.

empresário *s.m.* | ***businessman*** *s.m.*

1. As a prosperous *businessman*, he is admired by all his staff. ► *Como um empresário de sucesso, ele é admirado por todos os seus funcionários.* ■ entrepreneur, businessperson.

engenheiro *s.m.* | ***engineer*** *s.*

1. He has been working as a computer *engineer* for over ten years. ► *Ele trabalha como engenheiro de computação há mais de dez anos.*

entrevistado *s.m.* | ***interviewee*** *s.*

1. The personnel manager asked two of the *interviewees* to contact him the following week. ► *O gerente de recursos humanos pediu a dois dos entrevistados para entrar em contato com ele na semana seguinte. vt* ***entrevistador***, ***entrevista***.

entrevistador *s.m.* | ***interviewer*** *s.*

1. The *interviewer* had already spoken to 25 candidates, but none of them were suitable for the vacant post advertised. ► *O entrevistador já tinha conversado* *com 25 candidatos, mas nenhum deles era adequado ao cargo vago anunciado. vt.* ***entrevistado***, ***entrevista***.

equipe *s.f.* | *team* *s.*

1. We owe the success of this year's annual conference to our competent management *team*. ► *Nós devemos o sucesso da conferência anual deste ano à nossa competente equipe de administração. vt.* ***equipe de vendas***.

equipe de vendas *s.f.* | *sales team* *s.*

1. The company's *sales team* is made of 50 people. ► *A equipe de vendas da empresa é composta de cinqüenta pessoas. vt.* ***equipe***.

estagiário *s.m.* | *intern* *s.*

1. He has been working in the company as a management *intern* for three years. ► *Ele trabalha na empresa como estagiário de administração há três anos.* **2.** When you were an *intern* here with us, we knew you would be a great lawyer. ► *Quando você era um estagiário aqui conosco, sabíamos que seria um grande advogado.* ▲ trainee (BE).

exportador *s.m.* | *exporter* *s.*

1. Brazil is one of the world's largest *exporters* of soy bean. ► *O Brasil é um dos maiores exportadores de soja do mundo.* **2.** My company is an *exporter* of instant coffee to several European countries. ► *Minha empresa é exportadora de café solúvel para vários países europeus. vt.* ***importador***.

expositor *s.m.* | *exhibitor* *s.*

1. The trade and technology fair brought together over 200 *exhibitors* from various regions of the country. ► *A feira de tecnologia e comércio reuniu mais de duzentos expositores de várias regiões do país. vt.* ***exposição***.

fabricante *s.m.f.* | ***manufacturer*** *s.*

1. This fair attracts *manufacturers* and buyers from all over the world. ► *Esta feira atrai fabricantes e compradores do mundo todo.* **2.** Due to the market's great competition, *manufacturers* are being compelled to reduce their prices. ► *Em razão da grande competição do mercado, fabricantes estão sendo forçados a reduzir seus preços.* ■ producer. *vt.* ***consumidor.***

fornecedor[1] *s.m.* | ***caterer*** *s.*

Pessoa ou empresa que presta serviço de bufê (comidas e bebidas para eventos). **1.** The *caterer* faxed this morning to know how many people will be attending the conference next week. ► *O fornecedor enviou um fax esta manhã para saber quantas pessoas irão participar da conferência na próxima semana.* » **contratar um fornecedor** – to hire a *caterer.* + *Contract caterer* – empresa contratada para preparar as refeições dos funcionários de uma empresa.

fornecedor[2] *s.m.* | ***provider*** *s.*

Empresa que fornece serviços. **1.** Contact the catering *provider* for the upcoming event and inform them of our menu choices. ► *Entre em contato com o fornecedor de refeições para o próximo evento e informe-o sobre as nossas opções para o cardápio.*

fornecedor[3] *s.m.* | ***supplier*** *s.*

Empresa que fornece mercadoria. **1.** Microsoft is a leading *supplier* of computer hardware and software. ► *A Microsoft é uma fornecedora líder de mercado em equipamentos e programas de computação.* **2.** We will order the beverages and appetizers for the conference from our usual *supplier.* ► *Nós faremos a encomenda de bebidas e aperitivos para a conferência com o nosso fornecedor habitual.*

funcionário *s.m.* | ***employee*** *s.*

1. Over 50 *employees* were made redundant in the company this year. ► *Mais de cinqüenta funcionários foram dispensados da empresa neste ano.* **2.** Paul was appointed *employee* of the year in our bank. ► *Paul foi eleito funcionário do ano* *em nosso banco.* » **contratar um empregado** – to hire/take on an *employee*; » **demitir um empregado** – to dismiss/fire an *employee*; » **pagar um empregado** – to pay an *employee*; » **treinar um empregado** – to train an *employee*. □ empregado. ■ worker. *vt.* ***empregador***, ***quadro de funcionários***.

funcionários administrativos *s.m.pl.* | *clerical staff* *s.pl.*

1. After a series of difficult negotiations, the managing director agreed on giving the *clerical staff* a 10% pay rise. ► *Depois de uma série de negociações difíceis, o diretor executivo concordou em dar um aumento de salário de 10% aos funcionários administrativos.* ■ office staff, clerical, office workers.

gerente *s.m.f.* | *manager* *s.* [Mngr/Mgr]

1. The new marketing *manager* has already been commended on his versatility and determination. ► *O novo gerente de marketing já foi elogiado por sua versatilidade e determinação. vt.* ***gerente de exportação e importação***, ***gerente de filial***, ***gerente de recursos humanos***, ***gerente de vendas***, ***subgerente***.

gerente de exportação e importação *s.m.f.* | import export manager *s.*

1. We have sent our *import export manager* to Argentina to look for a site for the new factory. ► *Nós enviamos nosso gerente de exportação e importação para a Argentina a fim de que ele procurasse um local para a nova fábrica. vt.* ***gerente***.

gerente de filial *s.m.f.* | branch manager *s.*

1. Paul has been made *branch manager* after 10 years of dedication to General Motors. ► *Paul foi elevado à posição de gerente de filial após dez anos de dedicação à General Motors. vt.* ***gerente***.

gerente de recursos humanos *s.m.f.* | human resources manager *s.*

1. The *human resources manager* has just recruited 15 new cashiers to work as temporary staff during the holiday season. ► *O gerente de recursos humanos* *acabou de recrutar 15 novos caixas para trabalhar como funcionários temporários durante o período de férias.* **2.** If you need any further information about the job, please contact the *human resources manager.* ▶ *Se você precisar de maiores informações sobre o emprego, por favor entre em contato com o gerente de recursos humanos.* ■ personnel manager, officer.

gerente de vendas *s.m.f.* | ***sales manager*** *s.*

1. The new client was very impressed with the presentation given by the *sales manager.* ▶ *O novo cliente ficou muito impressionado com a apresentação feita pelo gerente de vendas. vt.* ***gerente.***

importador *s.m.* | ***importer*** *s.*

1. He is an *importer* of footwear from Argentina. ▶ *Ele é um importador de calçados da Argentina. vt.* ***exportador.***

inspetor de alfândega/aduaneiro *s.m.* | ***customs officer*** *s.*

1. The shipment that came from Israel has been seized by *customs officer* for inspection. ▶ *O carregamento que veio de Israel foi apreendido pelo inspetor de alfândega para inspeção.*

inspetor de controle de qualidade *s.m.* | ***quality control inspector*** *s.*

1. Because there had been various complaints about the faulty ignition, the *quality control inspector* requested buyers to take theirs cars back to the agency for a complete check-up free of charge. ▶ *Devido às várias queixas quanto à ignição defeituosa, o inspetor solicitou aos compradores que levassem seus carros de volta à agência para uma revisão completa gratuita.*

intérprete *s.m.f.* | ***interpreter*** *s.*

1. The organizers of the seminar have arranged for lecturers to have *interpreters* throughout the event. ▶ *Os organizadores do seminário providenciaram intérpretes para os palestrantes durante todo o evento.*

júnior *adj.* | ***junior*** *adj.*

1. She has joined the company as a *junior* secretary. ► *Ela começou a trabalhar na empresa como secretária júnior.*

líder de mercado *s.m.f.* | ***market leader*** *s.*

1. Our company is the *market leader* in office supplies in the southern region. ► *Nossa empresa é líder de mercado em equipamentos para escritório na região sul.* » **permanecer líder de mercado** – to remain the *market leader*; » **tornar-se líder de mercado** – to become *market leader.*

mão-de-obra *s.f.* | ***workforce*** *s.*

1. We had to decrease the *workforce* by 10% due to economic recession. ► *Tivemos que reduzir a mão-de-obra em 10% devido à recessão econômica.* ▲ labour. ■ labor.

mão-de-obra especializada *s.f.* | ***skilled workforce*** *s.*

1. The position has not been fulfilled yet because it requires highly *skilled workforce.* ► *O cargo ainda não foi ocupado porque requer mão-de-obra altamente especializada.* ■ skilled labor.

mensageiro *s.m.* | ***courier s.***

1. We are sending you the documents by *courier* tomorrow at the latest. ► *Nós lhe enviaremos o documento pelo mensageiro no máximo até amanhã.* ✚ Um *courier* também pode ser uma companhia especializada em entregas rápidas, como Vaspex, Sedex, Fedex etc.

moça do café *s.f.* | ***coffee lady*** *s.*

1. Could you please ask the *coffee lady* to bring us some water? ► *Poderia por favor pedir à moça do café para nos trazer água?* ✚ Sugestão de termo, uma vez que essa função não existe em empresas sediadas em países desenvolvidos.

operador de computador *s.m.* | ***computer operator*** *s.*

1. Global Telecom is presently hiring *computer operators* for its newly created information department. ▶ *No momento a Global Telecom está contratando novos operadores de computador para o seu recém-criado departamento de informação.*

organizador (de eventos) *s.m.* | ***organizer***

1. The conference *organizer* has already recruited 5 assistants to help out with the event. ▶ *O organizador de conferência já recrutou 5 assistentes para ajudar no evento.* ▲ *organiser* (BE).

pagador *s.m.* | ***payer*** *s.*

1. Mr Silva has a reputation for being a good *payer.* ▶ *O Sr. Silva é conhecido como um bom pagador. vt.* ***devedor***.

palestrante *s.m.f.* | ***speaker*** *s.*

1. We're running a marketing seminar in July. Call Mr King and invite him to be one of the *speakers.* ▶ *Nós estamos organizando um seminário sobre marketing, que será realizado em julho. Ligue para o Sr. King e convide-o para ser um dos palestrantes.* □ conferencista. ■ lecturer.

patrocinador *s.m.* | ***sponsor*** *s.*

1. The company has agreed to be one of the *sponsors* of this year's Cattle Fair in order to gain advertising and prestige. ▶ *A empresa concordou em ser um dos patrocinadores da Feira de Gado deste ano a fim de ganhar publicidade e prestígio.*

pesquisador de mercado *s.m.* | ***market researcher*** *s.*

1. The company has employed a *market researcher* to carry out a study to find out how to increase sales of its new digital camera launched last year. ▶ *A empresa contratou um pesquisador de mercado para descobrir como aumentar as vendas de sua nova máquina fotográfica digital lançada no ano passado.*

porteiro *s.m.* | ***doorman*** *s.m.*

1. The *doorman* spoke to the employees over the intercom. ▶ *O porteiro falou com os empregados através do interfone.*

presidente *s.m.f.* | ***president*** *s.*

1. The *president* of the company reported to the board of directors that he is retiring next year. ▶ *O presidente da empresa disse à diretoria que ele irá se aposentar no próximo ano.* ▲ chairman (BE). ■ chief executive officer [CEO]. *vt.* ***diretor executivo, presidente em exercício.***

presidente em exercício *s.m.f.* | ***serving chairman*** *s.m.*

1. Peter Hass has been appointed *serving chairman* while Mr Thomas is on vacation. ▶ *Peter Hass foi designado presidente em exercício enquanto o Sr. Thomas está de férias. vt.* ***presidente.***

procurador *s.m.* | ***proxy*** *s.*

1. Mr Born is traveling on business next week, that's why he's going to appoint a *proxy* to vote for him at the meeting. ▶ *O Sr. Born vai viajar a negócios na próxima semana, por isso vai indicar um procurador para votar por ele na reunião.* » **indicar um procurador** – to appoint/nominate a *proxy.*

proprietário *s.m.* | ***owner*** *s.*

1. He is the *owner* of a huge coffee farm in southern Brazil. ▶ *Ele é o proprietário de uma imensa fazenda de café no sul do Brasil.* □ dono.

quadro de funcionários *s.m.* | ***staff*** *s.pl.*

1. *Staff* are required to attend our training courses regularly. ▶ *Os funcionários são solicitados a participar regularmente dos nossos cursos de treinamento.* ■ personnel. *vt.* ***funcionário.***

recepcionista *s.m.f.* | ***receptionist*** *s.*

1. The *receptionist* will greet participants with a free gift. ▶ *A recepcionista receberá os participantes com um brinde.* **2.** Don't worry, the *receptionist* will be in charge of passing on the message to the conference participants. ▶ *Não se preocupe, a recepcionista ficará encarregada de passar o recado para os participantes da conferência. vt.* ***recepção***.

remetente *s.m.f.* | ***sender*** *s.*

1. You've forgotten to include the *sender*'s address on the envelope. ▶ *Você esqueceu de incluir o endereço do remetente no envelope. vt.* ***destinatário***.

representante[1] *s.m.f.* | ***representative*** *s.* [rep]

Empresa que vende os produtos de uma outra empresa, agindo, portanto, como representante desta em um determinado lugar. **1.** Our *representative* in England has made several interesting contacts these past few months. ▶ *Nosso representante na Inglaterra fez vários contatos interessantes nos últimos meses. vt.* ***representante de vendas***.

representante[2] *s.m.f.* | ***agent*** *s.* [agt]

Pessoa ou empresa que é paga por outra pessoa ou empresa para representá-la em transações comerciais, tomar decisões importantes, especialmente no que diz respeito a contratos. **1.** You must be highly skilled at negotiations to be a good *agent.* ▶ *Você tem que ser altamente qualificado na arte de negociação para ser um bom representante.* ■ business agent.

representante de vendas *s.m.f.* | ***sales representative*** *s.* [sales rep]

1. The *sales representative* will be visiting new customers this week in order to increase business. ▶ *O representante de vendas visitará novos clientes esta semana com o intuito de expandir os negócios. vt.* ***representante***[1].

secretária *s.f.* | ***secretary*** *s.* [sec.]

1. I will put you through to my *secretary.* She will schedule a date for the meeting. ► Eu vou transferi-lo para minha secretária. Ela irá agendar uma data para a reunião. ■ personal assistant [PA]. *vt.* ***secretária bilíngüe***, ***secretária executiva***.

secretária bilíngüe *s.f.* | ***bilingual secretary*** *s.*

1. IBM is looking for a *bilingual secretary* for the R&D Department. ► *A IBM está procurando uma secretária bilíngüe para o departamento de pesquisa e desenvolvimento. vt.* ***secretária***.

secretária executiva *s.f.* | ***executive secretary*** *s.*

1. The position of *executive secretary* can only be filled by candidates with at least 5 years' experience. ► *O cargo de secretária executiva só pode ser preenchido por candidatas com pelo menos cinco anos de experiência. vt.* ***secretária***.

segurança *s.m.f.* | ***security guard*** *s.*

1. He has recently lost his job as *security guard* in a large company. ► *Ele recentemente perdeu seu emprego de segurança numa grande companhia.*

sênior *adj.* | ***senior*** *adj.*

1. We are having a meeting with all the *senior* staff later on today. ► *Nós teremos uma reunião mais tarde com todos os funcionários seniores.*

sociedade *s.f.* | ***partnership*** *s.*

1. They have had a successful *partnership* for over 10 years now. ► *Eles têm uma sociedade bem-sucedida há mais de dez anos.* **» dissolver uma sociedade** – to dissolve a *partnership*; **» entrar em uma sociedade** – to join a *partnership*; **» formar uma sociedade** – to form a *partnership*. *vt.* ***sócio***.

sócio *s.m.* | ***partner*** *s.*

1. That engineering company is seeking new *partners* for joint venture. ▶ *Aquela construtora está procurando novos sócios para um empreendimento conjunto. vt.* ***sociedade***.

subgerente *s.m.f.* | ***assistant manager*** *s.*

1. The manager is away on a business trip to China, so the *assistant manager* has taken over. ▶ *O gerente está fora em uma viagem de negócios à China, então o subgerente assumiu o posto.* ■ deputy manager. *vt.* ***gerente***.

subgerente de vendas *s.m.f.* | ***deputy sales manager*** *s.*

1. The *deputy sales manager* gave an interesting talk on the new sales strategies. ▶ *O subgerente de vendas deu uma palestra interessante sobre as novas estratégias de vendas. vt.* ***subgerente***.

subordinado *s.m.* | ***subordinate*** *s.*

1. The supervisor asked to one of his *subordinates* to supervise the trainee's work. ▶ *O supervisor pediu a um de seus subordinados para supervisionar o trabalho do estagiário.*

substituto *s.m.* | ***substitute*** *s.*

1. I'm not the chairman, but I'll act as his *substitute.* ▶ *Eu não sou o presidente, mas serei o seu substituto.* **2.** We need to find a *substitute* for the secretary while she's on vacation. ▶ *Precisamos encontrar um substituto para a secretária enquanto ela estiver de férias.* ■ stand-in.

supervisor *s.m.* | ***supervisor*** *s.*

1. You should make an appointment with the *supervisor*. She will show you how the work is done. ▶ *Você deve agendar um horário com a supervisora. Ela lhe mostrará como o trabalho é feito.*

técnico *s.m.* | ***technician*** *s.*

1. She is a highly qualified *technician.* ► *Ela é uma técnica altamente qualificada.*

telefonista *s.m.f.* | ***(switchboard) operator*** *s.*

1. The *switchboard operator* will give you all the extension numbers you need. ► *A telefonista lhe fornecerá todos os ramais de que você precisa.* ■ (telephone) operator.

transportadora *s.f.* | ***(freight) forwarder*** *s.*

1. The *(freight) forwarder* Transponorte Ltd. has been working with us for over 10 years. ► *A transportadora Transponorte Ltda. trabalha conosco há mais de dez anos.* ■ transporter.

usuário *s.m.* | ***user*** *s.*

1. The market research demonstrated that we have also to expand our services to younger *users.* ► *A pesquisa de mercado demonstrou que também temos de expandir os nossos serviços para usuários mais jovens. vt.* ***cliente*****,** ***consumidor*****.**

varejista *s.m.f.* | ***retailer*** *s.*

1. Due to intense market competition, one of the country's biggest food *retailer* has gone bankrupt. ► *Devido à grande competição de mercado, um dos maiores varejistas de alimentos do país foi à falência. vt.* ***atacadista*****.**

vendedor *s.m.* | ***seller*** *s.*

1. When selling a vehicle, the *seller* must assign title to the buyer. ► *Na venda de um veículo, o vendedor deve transferir o direito de propriedade para o comprador. vt.* ***comprador*****[1].**

visitante *s.m.f.* | ***visitor*** *s.*

1. All *visitors* to the company must wear an identification badge. Please report to reception to get one. ► *Todos os visitantes na empresa devem usar um crachá de identificação. Por favor, dirija-se à recepção para obter um.*

workaholic *adj.* | ***workaholic*** *adj.*

Pessoa que trabalha muito e é obcecada pelo trabalho. **1.** Mr Mello is considered to be an *workaholic* because he gets to work early in the morning and leaves late at night every day. ► *O Sr. Mello é considerado um workaholic porque todos os dias ele chega para trabalhar de manhã bem cedo e sai tarde da noite.*

CORRESPONDÊNCIA

PARTES DE UMA CARTA COMERCIAL E TERMOS AFINS

anexo *s.m.* | ***enclosure*** *s.* [Encl(s), Enc(s)]

Quando um documento é anexado junto à carta, o termo *enclosure(s)* é digitado uma linha abaixo do fechamento. ■ attachment.

assinatura *s.f.* | ***signature*** *s.*

O nome do remetente deve ser escrito na quarta linha abaixo do fechamento. O cargo do remetente deve ser escrito na linha abaixo do nome. O espaço entre o fechamento e o nome do remetente deve ser usado para a assinatura do remetente. ■ writer's signature.

cabeçalho *s.m.* | ***letterhead*** *s.*

Parte superior de uma carta, onde o nome, endereço e outros dados de uma pessoa ou empresa são impressos. » **no cabeçalho** – in/on the *letterhead.* ■ heading. + *Letterhead* também designa papel timbrado.

código postal *s.m.* | ***zip code*** *s.*

1. What is your *zip code*? ► *Qual é o seu código postal?* **2.** Don't forget to put the *zip code* on the envelope, it will get there quicker. ► *Não esqueça de colocar o código postal no envelope, ele chegará mais rápido.* ▲ post code (BE).

corpo da carta *s.m.* | ***body of (the) letter*** *s.*

Se a carta for muito curta, você deve usar espaços duplos entre as sentenças para obter uma disposição balanceada. Mesmo em uma carta comercial breve, existe unanimidade quanto à necessidade de haver três partes: introdução, a razão da carta e uma frase final. O texto pode ser redigido tanto na 1ª pessoa do singular (I) quanto na 1ª pessoa do plural (We). Na carta em estilo bloco, ou seja, sem recuo (block style, blocked layout) os parágrafos são separados por linhas em branco. ■ body paragraphs.

data *s.f.* | ***date*** *s.*

Posiciona-se logo após o cabeçalho da carta. O mês deve ser escrito por inteiro, seguido pelo dia e o ano. Ex. January 1, 2000. No inglês britânico, a seqüência é igual à do português: dia/mês/ano; no inglês americano, a ordem é mês/dia/ano.

endereço do destinatário *s.m.* | ***inside address*** *s.*

Geralmente é colocado logo após a data, na margem esquerda. O endereço do destinatário deve conter a mesma informação usada no envelope. ■ receiver's address, addressee, recipient's address.

envelope pré-pago *s.m.* | ***postage paid envelope*** *s.*

1. Use the enclosed *postage paid envelope* to reply to the survey. ► *Use o envelope pré-pago anexo para responder a esta pesquisa.* ▲ reply-paid envelope (BE). ■ business reply envelope.

fechamento *s.m.* | ***complimentary close*** *s.*

Palavra ou frase que convencionalmente se posiciona antes da assinatura de uma carta, e expressa consideração do remetente pelo destinatário. O fechamento começa uma linha após o último parágrafo do corpo da carta e é digitado com espaço duplo. ▲ closing phrase (BE). ■ complimentary closing, close, closing. □ fecho, cumprimento final.

iniciais de referência *s.f.pl.* | ***reference initials*** *s.pl.*

Pelas iniciais, identificam-se a pessoa que ditou a carta e a que escreveu/digitou a carta. As iniciais de referência estão sempre localizadas na margem esquerda e duas linhas abaixo da linha da assinatura, no final da carta. ■ identification initials, typist initials.

rascunho (cópia) *s.m.* | ***draft*** *s.*

1. Do a *draft* of the letter and I'll check before you send it. ► *Faça um rascunho da carta e eu verificarei antes de você enviar.* **2.** This is just a *rough copy* of the press release – I'll get you a properly printed-out version. ▶ *Esta é apenas uma cópia rascunho do comunicado à imprensa – estou providenciando uma versão impressa para o senhor.* » **fazer um rascunho** – to do a *draft*/to draft. ■ rough copy.

saudação *s.f.* | ***salutation*** *s.*

A saudação dirige-se diretamente ao destinatário de uma carta e é seguida por dois pontos. (No caso de uma carta informal, utiliza-se uma vírgula.) "Dear Sir" or "Dear Madam" ("Prezado Senhor" ou "Prezada Senhora") são saudações usuais no início de uma carta a alguém cujo nome é desconhecido. Não se deve usar ponto final após Mr, Mrs etc. Atualmente, algumas pessoas utilizam vírgula após a saudação; no entanto, o mais comum é utilizar dois pontos. Quando a vírgula é empregada após a saudação, deve-se utilizar também uma vírgula após o fechamento. Quando não se sabe o nome nem o sexo do destinatário, utiliza-se "Dear Sir/Madam". Quando o estado civil da mulher destinatária é desconhecido, utiliza-se "Ms" (se for casada "Mrs", se for solteira "Miss"). ▲ opening greeting (BE). ■ greeting. □ cumprimento.

selo postal *s.m.* | ***(postage) stamp*** *s.*

1. We will need some *(postage) stamps* to post this parcel. ▶ Nós precisaremos de selos para enviar este pacote.

TIPOS DE CORRESPONDÊNCIA COMERCIAL

carta *s.f.* | ***letter*** *s.*

1. The president must sign the *letter* before forwarding it. ▶ *O presidente tem que assinar a carta antes de enviá-la.* » **redigir uma carta** – to write a *letter*; » **responder a uma carta** – to reply to a *letter*; » **enviar uma carta** – to mail/send a *letter*; » **tomar nota de uma carta (ditada por alguém)** – to take a *letter* down; » **ditar uma carta** – to dictate a *letter*; » **traduzir uma carta** – to translate a *letter*; » **assinar uma carta** – to sign a *letter*. *vt.* ***circular***.

carta com informações complementares *s.f.* | ***cover letter*** *s.*

Carta que acompanha um documento ou produto dando maiores informações/explicações sobre o mesmo.

carta de aceite *s.f.* | ***letter of acceptance*** *s.*

Carta cujo objetivo é comunicar a um candidato sua admissão ao cargo pleiteado.

carta de agradecimento *s.f.* | ***thank-you letter*** *s.*

Carta cujo conteúdo tem o objetivo de agradecer por algum serviço prestado.

carta de apresentação *s.f.* | ***letter of introduction*** *s.*

Carta escrita por alguém de confiança apresentando uma determinada pessoa a outra.

carta de aviso prévio *s.f.* | ***letter of advice*** *s.*

Carta pela qual o empregador comunica o empregado sobre a rescisão do contrato de trabalho. ■ notice to quit, notice letter.

carta de cobrança *s.f.* | ***collection letter*** *s.*

Carta cujo conteúdo tem o objetivo de solicitar que se efetue o pagamento do que é devido. ■ billing letter.

carta de demissão *s.f.* | ***letter of resignation*** *s.*

Correspondência na qual a pessoa pede desligamento da empresa. + Pode-se dizer somente *resignation*.

carta de felicitação *s.f.* | ***letter of congratulation*** *s.*

Carta cujo conteúdo tem o objetivo de cumprimentar/parabenizar alguém por um feito ou uma data especial.

carta de pêsames *s.f.* | ***letter of condolence*** *s.*

Carta cujo conteúdo visa expressar pesar pela perda de alguém. ▲ sympathy note.

carta de reclamação *s.f.* | ***letter of complaint*** *s.*

Carta na qual se expressa insatisfação com algum produto ou serviço prestado.

carta de referência/recomendação *s.f.* | ***letter of reference*** *s.*

Carta contendo informações sobre uma terceira pessoa, recomendando-a para um novo emprego.

carta de solicitação *s.f.* | ***letter of request*** *s.*

Carta requisitando algo formalmente ou oficialmente.

carta de solicitação de emprego *s.f.* | ***letter of application*** *s.*

Pedido formal para admissão em uma empresa, a fim de ocupar o cargo ofertado.

carta ofício *s.f.* | ***official letter*** *s.*

Correspondência formal que se caracteriza não só por obedecer a uma determinada forma epistolar, mas também pelo formato do papel (formato ofício).

carta solicitando informação *s.f.* | ***letter of enquiry*** *s.*

Carta pedindo informação sobre determinado produto ou serviço. **+** O termo *enquiry* também pode vir escrito com "i": *inquiry*.

carta-resposta *s.f.* | ***business reply mail*** *s.* [BRM]

1. Send the survey to our customers as *business reply mail* [BRM]. ► *Envie a pesquisa para nossos clientes na forma de carta-resposta.* ▲ business reply service (BE).

circular *s.f.* | ***circular (letter)*** *s.*

Correspondência oficial enviada para muitas pessoas. **1.** The *circular* was sent to all the departments informing the new resolution that was passed at the shareholders' meeting. ► *A circular foi enviada para todos os departamentos informando a nova resolução que passou na reunião dos acionistas.* » **distribuir uma circular** – to distribute a *circular*; » **enviar uma circular** – to send a *circular*. *vt.* ***carta***. + Quando se redige uma circular é necessário numerá-la.

correio aéreo *s.m.* | *airmail* *s.*

1. Most of our mail is sent by *airmail*. ► *A maior parte de nossa correspondência é enviada pelo correio aéreo.* » **serviço aeropostal expresso** – an express *airmail* service.

correio terrestre ou marítimo *s.m.* | *surface mail* *s.*

1. Write "airmail" on the envelope, otherwise the letter will be sent by *surface mail*. ► *Escreva "correio aéreo" no envelope, senão a carta será enviada por correio terrestre.*

correspondência *s.f.* | *mail* *s.*

1. She usually checks the *mail* as soon as she arrives in the office. ► *Ela geralmente verifica a correspondência assim que chega ao escritório.* » **abrir a correspondência** – to open the *mail*; » **classificar a correspondência** – to sort out/through the *mail*; » **entregar a correspondência** – to deliver the *mail*; » **enviar/despachar correspondência** – to mail/forward the *mail*; » **verificar a correspondência** – to check the *mail*; » **preparar a correspondência** – to do the *mail*. ▲ post (BE). *vt.* ***memorando***.

correspondência eletrônica *s.f.* | *electronic mail* *s.* [e-mail]

1. The employees in our company communicate with each other by *electronic mail/e-mail*. ► *Os funcionários de nossa empresa se comunicam por correio eletrônico/e-mail.* » **enviar um e-mail** – to send an *e-mail*/to *e-mail*; » **anexar um arquivo a um e-mail** – to attach a file to an *e-mail*; » **responder a um e-mail** – to send a reply to an *e-mail*/to respond to an *e-mail*; » **deletar um e-mail** – to delete an *e-mail*; » **verificar um e-mail** – to check an *e-mail*. □ correio eletrônico.

correspondência emitida *s.f.* | ***outgoing mail*** *s.*

1. The *outgoing mail* is forwarded three times a week. ► *A correspondência emitida é despachada três vezes por semana.*

correspondência interna *s.* | ***interoffice mail*** *s.*

1. The marketing department is sending the new catalogue by *interoffice mail* to submit it for approval. ► *O departamento de marketing está mandando o novo catálogo por correspondência interna para submetê-lo à aprovação.* + *Interoffice e-mail; interoffice fax.* Quando a correspondência é enviada dentro da mesma empresa em um mesmo local: *intra-office* ou *internal mail/fax/e-mail.*

correspondência não desejada (de material de propaganda) *s.f.* | ***junk mail*** *s.*

1. I rarely read the *junk mail* we receive, I usually throw it straight in the bin. ► *Eu raramente leio a correspondência de propaganda que recebemos, normalmente eu a jogo direto no lixo.* + Propaganda que se recebe por e-mail: *spam.* Ex. We have to buy a software to filter out *spam.* ► *Temos que comprar um programa para remover as propagandas que recebemos por e-mail.*

correspondência recebida *s.f.* | ***incoming mail*** *s.*

1. All the *incoming mail* is sorted through by the secretary. ► *Toda a correspondência recebida é classificada pela secretária.*

correspondência registrada[1] *s.f.* | ***certified mail*** *s.*

Serviço postal que, com pagamento adicional, fornece prova de que a carta ou o pacote foi postado e entregue. **1.** I'd like this package sent by *certified mail.* ► *Eu gostaria que registrassem o envio deste pacote.* ▲ recorded delivery (BE).

correspondência registrada[2] *s.f.* | ***registered mail*** *s.*

Serviço postal que, com pagamento adicional, assegura a entrega da correspondência somente para o destinatário, que terá de assinar um documento acusando o recebimento. **1.** Please, send this letter by *registered mail*, it's safer. ► *Por favor envie esta carta como correspondência registrada, é mais seguro.* ▲ registered post.

endereço *s.m.* | ***address*** *s.*

1. I need your full *address* to send you our latest catalog. ► *Eu preciso do seu endereço para enviar-lhe nosso último catálogo.*

endereço eletrônico *s.m.* | ***e-mail (address)*** *s.*

1. Do you have an *e-mail*? ► *Você tem e-mail?* **2.** Could you please give me your *e-mail*? ► *Você poderia, por favor, me dar o seu e-mail?* + Para informar o endereço eletrônico em inglês é necessário que se conheça alguns termos: » **letra minúscula** – *small letter*; » **letra maiúscula** – *capital letter* (*caps*); » **@** – *at*; » **•** – *dot*; » **com** – *com*; » **br** – *br* (soletrar); » **/** – *dash* (AE)/*slash* (BE); » **_** – *underline/underscore.*

internet *s.f.* | ***internet*** *s.*

1. You must access the *internet* to have more information on this new material. ► *Você tem que acessar a internet para obter mais informações sobre este novo material.* » **acessar a internet** – to access/go on/use the *internet*; » **conectar a internet** – to connect the *internet*; » **navegar na internet/na rede** – to surf the *internet*/the Web (net).

mala direta *s.f.* | ***mailing list*** *s.*

1. We have to update our *mailing list* since some of our newly acquired customers are not on it. ► *Nós temos que atualizar nossa mala direta uma vez que alguns de nossos clientes novos não constam nela.* » **criar uma mala direta** – to create/make a *mailing list*; » **enviar (correspondência) por mala direta** – to send out a *mailing list*; » **organizar uma mala direta** – to organize a *mailing list*; » **atualizar uma mala direta** – to uptade a *mailing list.*

memorando *s.m.* | ***memorandum*** *s.* [memo]

Correspondência informal usada para comunicação interna na empresa. **1.** Circulate a *memorandum* to all sales staff. ► *Mande um memorando para todos os funcionários do departamento de vendas.* » **assinar um memorando** – to sign a *memorandum*; » **enviar um memorando** – to send a *memorandum*; » **escrever um memorando** – to write a *memorandum*; » **receber um memorando** – to receive a *memorandum*. *vt.* ***correspondência***.

mensagem eletrônica *s.f.* | ***e-mail message*** *s.*

1. We were recommended to delete all *e-mail messages* more than three months old. ► *Fomos aconselhados a apagar as mensagens depois de três meses do seu recebimento.* **2.** Please respond to this *e-mail* as soon as you can. Thanks. ► *Favor responder a este e-mail assim que puder. Obrigado.* □ e-mail.

SALUTATIONS AND CLOSES

Tipo de correspondência	Português	Inglês Americano	Inglês Britânico
FORMAL (destinatário não identificado)	**Saudação:** Senhor, Senhora, Prezado Senhor: Prezados Senhores: Prezada Senhora: Prezadas Senhoras: Prezado Sr./Sra.: Caros Senhores: Caras Senhoras: Para quem possa interessar:	**Salutation:** Sir(:) (,) Madam(:) (,) Dear Sir(:) (,) Dear Sirs(:) (,) Dear Madam(:) (,) Dear Mesdames(:) (,) Dear Sir/ Madam(:) (,) Gentlemen(:) (,) Mesdames(:) (,) To whom it may concern	**Salutation:**

Tipo de correspondência	Português	Inglês Americano	Inglês Britânico
FORMAL (destinatário não identificado)	**Fechamento:** Atenciosamente,	**Close:** Very truly yours(,) Yours very truly(,) Yours truly(,) Yours respectfully(,) Your obedient servant(,)	**Close:** Yours faithfully(,)
INFORMAL (destinatário identificado)	**Saudação:** Prezado Sr. ... (sobrenome) Prezada Sra. ... (sobrenome) Prezada Srta. ... (sobrenome)	**Salutation:** Dear Mr ... (last name) Dear Mrs ... (last name) Dear Miss/Ms ... (last name)	**Salutation:** Sir(:) (,)
FORMAL (destinatário identificado)	**Fechamento:** Atenciosamente,	**Close:** Sincerely yours(,) Cordially yours(,)	**Close:** Yours sincerely(,)
INFORMAL	**Saudação:** Caro Sr. ... (sobrenome) Cara Sra. ... (sobrenome) Cara Srta. ... (sobrenome) **Fechamento:** Atenciosamente,	**Salutation:** Dear Mr ... (last name) Dear Mrs ... (last name) Dear Miss/Ms ... (last name) **Close:** Sincerely yours(,) With kind regards(,) Best regards(,)	**Salutation:** **Close:** Yours sincerely(,) Yours truly(,) Yours respectfully(,) Best regards(,)

Tipo de correspondência	Português	Inglês Americano	Inglês Britânico
PESSOAL	**Saudação:**	**Salutation:**	**Salutation:**
	Caro/a ... (primeiro nome)	Dear ... (first name)	
	Meu/Minha caro/a ... (primeiro nome)	My dear ... (first name)	
	Fechamento:	**Close:**	**Close:**
	Saudações	Best regards With best wishes Best wishes Yours Love Lots of love Kind regards All the best	Yours sincerely(,)
	beijos	XXX	

DEPARTAMENTOS, DIVISÕES E ORGANIZAÇÕES

almoxarifado *s.m.* | ***stockroom*** *s.*

1. Ms Martines, could you go to the *stockroom* and get some paper for the printer, please? ► *Senhora Martines, você poderia ir ao almoxarifado e pegar papel para a impressora, por favor?* ■ storeroom, storage room.

auditório *s.m.* | ***auditorium*** *s.*

1. There will be a computer projection system in the *auditorium.* ► *Haverá um data-show no auditório.*

bloco administrativo *s.m.* | ***administration* (*block*)** *s.*

1. The visitors are now in a meeting with the executive manager at the *administration block.* ► *No momento os visitantes estão em uma reunião com o gerente executivo no bloco administrativo.*

café (sala do) *s.f.* | ***coffee nook*** *s.*

1. I talked to Mr Fiori at the *coffee nook* this morning about the new advertising campaign on TV. ► *Eu conversei com o Sr. Fiori na sala do café, esta manhã, sobre a nova campanha publicitária na televisão.*

centro de primeiros socorros *s.m.* | ***first aid center*** *s.*

1. The *first aid center* is located outside this building, next to the staff canteen. ► *O centro de primeiros socorros fica do lado de fora deste prédio, próximo à cantina dos funcionários.* ▲ *first aid centre* (BE).

companhia *s.f.* | ***company*** *s.* [Co]

1. The *company* has had neither profits nor losses this year. ► *A empresa não teve lucros nem prejuízos este ano.* **2.** The *company* had been taken over by a German multinational group. ► *A empresa foi incorporada por um grupo multinacional alemão.* » **gerenciar uma companhia** – to manage/run a *company*; » **ser admitido/ingressar em uma companhia** – to join a *company.* □ empresa. ■ corporation. *vt.* ***subsidiária***.

companhia de exportação/importação *s.f.* | ***export-import company*** *s.*

1. We are an *exporting-importing company* which is working in the field of foodstuff. ► *Nós somos uma companhia de exportação/importação que trabalha no ramo de gêneros alimentícios.*

companhia de fretamento *s.f.* | ***freight company*** *s.*

1. Any damage during transportation is the liability of the *freight company.* ► *Qualquer dano durante o transporte é de responsabilidade da companhia de fretamento.*

companhia de pesquisa de mercado *s.f.* | ***market research company*** *s.*

1. The *market research company* is still collecting and examining the information about our new product launched last month. ► *A companhia de pesquisa de mercado ainda está coletando e analisando as informações sobre o nosso novo produto lançado mês passado.*

companhia holding *s.f.* | ***holding company*** *s.*

Empresa administrativa que detém a totalidade ou a maioria das ações de um grupo de empresas, as quais passam a ser suas subsidiárias. **1.** Some *holding companies* control utilities in complicated pyramid structures, where a few investors at the top held controlling shares of many subsidiary companies. ► *Algumas companhias holding controlam empresas de serviços públicos em estruturas hierárquicas complexas, em que poucos investidores detêm o controle das ações de muitas empresas subsidiárias.* ■ parent company.

companhia limitada *s.f.* | ***corporation*** *s.* [corp]

1. The company turned its partnership into a *corporation.* ► *A empresa transformou sua sociedade em uma companhia limitada.* » **formar uma companhia**

limitada – to form a *corporation*; » **transformar em companhia limitada** – to convert to/to turn into a *corporation*. ▲ limited company [Ltd.] (BE).

companhia multinacional *s.f.* | ***multinational company*** *s.*

1. A *multinational company* is interested in distributing a modified version of your product/service on global basis. ► *Uma companhia multinacional está interessada em distribuir uma versão adaptada do seu produto/serviço em nível global.* □ multinacional.

companhia seguradora *s.f.* | ***insurance company*** *s.*

1. She called the *insurance company* after her car accident to estimate the damages. ► *Ela ligou para a companhia de seguros após o acidente de carro para avaliar os danos.* ■ insurer. *vt.* ***seguro***.

companhia transportadora *s.f.* | ***forwarding company*** *s.*

1. I suggest you contact the *forwarding company* and ask them for full compensation. ► *Sugiro que os senhores entrem em contato com a companhia transportadora e peçam uma restituição total.* ■ shipping company.

copa (cozinha) *s.f.* | ***coffee room*** *s.*

1. I have already called the *coffee room* and asked the coffee to be served. ► *Eu liguei para a copa e já pedi para servirem o café.*

creche *s.f.* | ***day-care center*** *s.*

1. Does your company provide a *day-care center*? ► *A sua empresa tem uma creche?* ▲ creche (BE).

departamento *s.m.* | ***department*** *s.* [dept]

1. Excuse me, can you tell me how to get to Mr Chang's office in the after-sales *department*? ► *Com licença, você pode me informar como chegar ao escritório do Sr. Chang, no departamento de atendimento ao consumidor?* » **gerenciar/chefiar**

um departamento – to manage/run/head a *department*; » **ser/estar encarregado de um departamento** – to be in charge of a *department*; » **trabalhar em um departamento** – to work in a *department*. □ setor, repartição. *vt.* ***divisão***.

departamento de atendimento ao consumidor *s.m.* | *customer service department* *s.*

1. Mrs Sales heads the *customer service department.* ► *A Sra. Sales chefia o departamento de atendimento ao consumidor.* **2.** If anything happens during two years you can contact the *customer service department* with no cost. ► *Se alguma coisa acontecer durante os próximos dois anos, você pode contatar o departamento de atendimento ao consumidor sem nenhum custo.* ▲ after-sales department (BE). ■ after sales service. *vt.* ***consumidor***.

departamento de compras *s.m.* | *buying department* *s.*

1. The *buying department* buys goods for the company. ► *O departamento de compras é responsável pela compra de produtos/mercadoria para a empresa.* ▲ purchasing (department) (BE).

departamento de comércio e indústria *s.m.* | *commerce and industry department* *s.*

1. She has joined the *commerce and industry department* after having worked in public relations for over 10 years. ► *Ela passou a integrar o departamento de comércio e indústria depois de ter trabalhado com relações públicas por mais de dez anos.*

departamento de comércio exterior *s.m.* | *foreign trade department* *s.*

1. The company divided the *foreign trade department* into two sections, one for the Chinese market and one for the European market. ► *A companhia dividiu o departamento de comércio exterior em duas seções, uma para o mercado chinês e a outra para o mercado europeu.*

departamento de contabilidade *s.m.* | ***accounts department*** *s.*

1. Our *accounts department* was instructed today to credit $27.000 to your account. ► *O nosso departamento de contabilidade foi instruído hoje a creditar $27.000 na sua conta.*

departamento de expedição *s.m.* | ***shipping department*** *s.*

1. Our *shipping department* has authorized the shipment of five tons of grain to a buyer in South America. ► *O nosso departamento de expedição autorizou o envio de cinco toneladas de grãos para um comprador na América do Sul.* ▲ dispatch department (BE).

departamento de exportação *s.m.* | ***export department*** *s.*

1. I work in the *export department.* ► *Eu trabalho no departamento de exportação.*

departamento de finanças *s.m.* | ***finance department*** *s.*

1. We have to speak to someone in the *finance department* before coming to any decision concerning a salary raise. ► *Precisamos falar com alguém do departamento de finanças antes de tomarmos qualquer decisão com relação ao aumento de salário.* □ departamento financeiro.

departamento de informática *s.m.* | ***information technology department*** *s.* [IT]

1. Mr Fiori is responsible for the *IT department.* ► *O Sr. Fiori é responsável pelo departamento de informática.* **2.** For further information on application forms, please contact the *IT department.* ► *Para maiores informações sobre formulários de solicitação, favor entrar em contato com o departamento de informática.*

departamento de manutenção *s.m.* | ***maintenance department*** *s.*

1. The *maintenance department* keeps our machines in good working condition. ► *O departamento de manutenção mantém as nossas máquinas em boas condições de funcionamento.*

departamento de marketing *s.m.* | ***marketing department*** *s.* [MD]

1. *Marketing* advertises and markets products. ► *O departamento de marketing divulga e lança produtos no mercado.*

departamento de pesquisa e desenvolvimento *s.m.* | ***research and development department*** *s.* [R&D]

1. *Research and Development* is working on a new product to meet some of the local consumers needs. ► *O departamento de pesquisa e desenvolvimento está criando um novo produto para atender as necessidades dos consumidores locais.*

departamento de planejamento e projetos *s.m.* | ***planning and projects department*** *s.*

1. The *planning and projects department* is responsible for establishing the guidelines for all development plans. ► *O departamento de planejamento e projetos é responsável por estabelecer as diretrizes para todos os planos de desenvolvimento.*

departamento de produção *s.m.* | ***production (department)*** *s.*

1. While the managing director is visiting the branch in São Paulo, he would like to speak to all members of the *production department.* ► *Enquanto o diretor executivo estiver visitando a filial de São Paulo, ele gostaria de conversar com todos os membros do departamento de produção.*

departamento de publicidade *s.m.* | ***publicity department*** *s.*

1. She has been managing our *publicity department* for five years. ► *Ela administra o nosso departamento de publicidade há cinco anos.* ■ advertising department.

departamento de relações públicas *s.m.* | ***public relations department*** *s.* [PR]

1. The *public relations department* launched a campaign to improve the image of the company to the public. ► *O departamento de relações públicas lançou uma campanha para melhorar a imagem da empresa junto ao público.*

departamento de vendas *s.m.* | ***sales department*** *s.*

1. I'd like to speak to Mr Fiori in the *sales department.* ► *Eu gostaria de falar com o Sr. Fiori no departamento de vendas.*

departamento jurídico *s.m.* | ***legal department*** *s.*

1. In case a customer takes legal action against the company, report to our *legal department.* ► *No caso de um cliente entrar com uma ação legal contra a empresa, comunique nosso departamento jurídico.*

departamento pessoal/de recursos humanos *s.m.* | ***personnel department*** *s.*

1. The applicants should report to the *personnel department.* ► *Os candidatos ao emprego devem se dirigir ao departamento pessoal.* ■ human resources department [HR].

depósito *s.m.* | ***depot*** *s.* [Dep./dep./dpt]

1. We would like to inform that our branch office also includes a distribution *depot.* ► *Gostaríamos de informar que nossa filial também possui um depósito de distribuição.* » **colocar um produto no depósito** – to store/stock/warehouse a product. □ armazém. ■ warehouse [w'hse], storehouse.

divisão *s.f.* | ***division*** *s.* [div.]

1. I work in the finance *division.* ► *Eu trabalho na divisão financeira.* » **gerenciar uma divisão** – to run/manage/head a *division*; » **ser/estar encarregado de uma divisão** – to be in charge of a *division*; » **ser admitido/ingressar em uma divisão** – to join a *division*; » **trabalhar em uma divisão** – to work in a *division. vt.* ***departamento.***

divisão de treinamento *s.f.* | ***training division*** *s.*

1. The *training division* is planning to offer courses in computing for the clerical staff. ► *A divisão de treinamento está planejando oferecer cursos de computação para os funcionários administrativos.*

embaixada *s.f.* | ***embassy*** *s.*

1. The Brazilian *embassy* in the United States is based in Washington DC. ► *A embaixada do Brasil nos Estados Unidos fica localizada em Washington DC.*

empresa de cobrança *s.f.* | ***collection agency*** *s.*

1. If we don't receive payment within two weeks, we will give this matter to a *collection agency.* ► *Se não recebermos o pagamento dentro de duas semanas, nós passaremos este problema para uma empresa de cobrança.*

empresa de pesquisa de mercado *s.f.* | ***marketing research company*** *s.*

1. We have hired a *marketing research company* to obtain more precise information about the success of our new product. ► *Nós contratamos uma empresa de pesquisa de mercado a fim de obter informações mais precisas sobre o sucesso do nosso novo produto.*

empresa de serviços de utilidade pública *s.f.* | ***utility company*** *s.*

1. Copel is an electric *utility company* whose service covers the State of Paraná. ► *A Copel é uma empresa de serviço de utilidade pública que abastece de energia elétrica o estado do Paraná.*

empresa farmacêutica *s.f.* | ***pharmaceutical company*** *s.*

1. When I left school I trained as a clerk in a *pharmaceutical company.* ► *Quando eu saí da escola fiz estágio em uma empresa farmacêutica.*

escritório *s.m.* | ***office*** *s.*

1. Mr Sales wants to see you in his *office.* ► *O Sr. Sales quer vê-lo em seu escritório.*
2. Our branch *office* has a permanent, direct link with head office via on-line computer network. ► *O escritório de nossa filial tem contato direto e constante com a matriz através da rede on-line de computadores. vt.* **bloco administrativo**.

escritório de vendas *s.m.* | ***sales office*** *s.*

1. The company has regional *sales offices* throughout Brazil. ► *A empresa tem escritórios regionais de venda por todo o Brasil.* **2.** We have opened a *sales office* for our products in São Paulo. ► *Nós abrimos um escritório de vendas para nossos produtos em São Paulo.*

estacionamento *s.m.* | ***parking lot*** *s.*

1. The staff *parking lot* is next to the distribution center, the visitors' is beside the gatehouse. ► *O estacionamento para funcionários fica perto do centro de distribuição, o de visitantes fica ao lado da guarita.* ▲ car park (BE).

fábrica *s.f.* | ***factory*** *s.*

1. She works in a ceramics *factory*. ► *Ela trabalha em uma fábrica de cerâmica.* **2.** We have plans to extend the *factory* in order to increase production. ► *Nós temos planos de expandir a fábrica para aumentar a nossa capacidade de produção.* ■ plant.

filial *s.f.* | ***branch*** *s.*

1. As you know our company is planning to open a *branch* in Belo Horizonte. ► *Como você sabe a nossa companhia planeja abrir uma filial em Belo Horizonte.* **2.** The headquarters are in Fortaleza but we have *branches* all over Brazil. ► *A matriz fica em Fortaleza, mas nós temos filiais no Brasil todo.* » **abrir uma filial** – to open a *branch*; » **fechar uma filial** – to close a *branch*; » **montar uma filial** – to set up a *branch*. □ sucursal. *vt.* ***matriz***.

guarita *s.f.* | ***reception area*** *s.*

1. People who work at the *reception area* have to check the traffic coming in and out of the company. ► *As pessoas que trabalham na guarita têm de checar o tráfego que entra e sai da empresa.*

matriz *s.f.* | ***headquarters*** *s.*

1. The company's *headquarters* are in Curitiba. ► *A matriz da companhia fica em Curitiba.* » **estar lotado na matriz** – to be based at *headquarters*; » *trabalhar em uma matriz* – to work at *headquarters.* ■ head office [HO]. + O termo *headquarters* pode ser usado com o verbo no singular ou plural. *vt.* ***filial.***

montadora *s.f.* | ***assembly plant*** *s.*

1. The Renault car *assembly plant* in São José dos Pinhais is hiring new employees. ► *A montadora da Renault em São José dos Pinhais está contratando novos empregados.*

plataforma de embarque e desembarque de mercadoria *s.f.* | ***delivery and loading bay*** *s.*

1. The *delivery and loading bay* is being remodelled to fit a larger number of delivery trucks. ► *A plataforma de embarque e desembarque está sendo reformada para atender um maior número de caminhões de entrega.*

ponto-de-venda *s.m.* | ***outlet*** *s.*

1. We have *outlets* in most large towns in Brazil. ► *Nós temos pontos-de-venda na maioria das grandes cidades do Brasil.* ■ point of sale.

provedor (de internet) *s.m.* | ***internet service provider*** *s.* [ISP]

1. The best local *internet service provider* in our town is Sercomtel. ► *O melhor provedor da nossa cidade é a Sercomtel.*

Receita Federal *s.f.* | ***Internal Revenue Service*** *s.* [IRS]

1. The *Internal Revenue Service* has already sent the new tax return form to the companies. ► *A Receita Federal já enviou o novo formulário de recolhimento de imposto para todas as empresas.* ▲ Inland Revenue [IR] (BE).

recepção *s.f.* | ***front desk*** *s.*

1. *Front desk* is on the ground floor. ► *A recepção fica no andar térreo.* **2.** All the participants must report to the *front desk.* ► *Todos os participantes devem se dirigir à recepção.* » **chegar na recepção** – to arrive at the *front desk*; » **comparecer na recepção** – to call at the *front desk*; » **encontrar na recepção** – to meet in the *front desk*; » **inscrever-se na recepção** – to register at the *front desk.* ▲ reception (desk) (BE). *vt.* ***recepcionista.***

restaurante da empresa *s.f.* | ***cafeteria*** *s.*

1. The employees usually have lunch in the company's *cafeteria.* ► *Os funcionários normalmente almoçam no restaurante da empresa.* » **comer no restaurante da empresa** – to eat at/in the *cafeteria.* ▲ canteen (BE). ■ staff restaurant, staff canteen.

sala de conferência *s.f.* | ***conference room*** *s.*

1. The *conference rooms* are required from 9 am to 5 pm. ► *As salas de conferência estão sendo solicitadas das 9h às 17h. vt.* ***conferência.***

sala de reunião *s.f.* | ***meeting room*** *s.*

1. At the moment Mr Fiori is seeing the sales representative from São Paulo in the *meeting room.* ► *Neste momento o Sr. Fiori está atendendo o representante de vendas de São Paulo na sala de reuniões.* ■ boardroom. *vt.* ***reunião.***

sala de xerox *s.f.* | ***photocopying room*** *s.*

1. The *photocopying room* is opposite the purchasing manager's office. ► *A sala de xerox fica em frente ao escritório do gerente de compras. vt.* ***fotocópia.***

sala para pequenas reuniões *s.f.* | ***break-out room*** *s.*

1. In each *break-out room,* we will need five tables, a monitor and a VCR. ► *Em cada sala para pequenas reuniões, nós precisaremos de cinco mesas, um monitor e um videocassete.*

subsidiária *s.f.* | ***subsidiary*** *s.*

1. The company intends to set up a new *subsidiary* in the south of Brazil this year. ► *A empresa pretende instalar uma nova subsidiária no sul do Brasil este ano.* ■ subsidiary company. *vt.* ***companhia***.

DOCUMENTAÇÃO

ação (de uma empresa) *s.f.* | ***stock*** *s.*

1. We have bought some *stocks* from a local telecommunication company as an investment. ► *Nós compramos algumas ações de uma empresa local de telecomunicação como investimento.* ▲ share (BE).

acordo *s.m.* | ***agreement*** *s.*

1. Subject to our mutual *agreement* the contract will be signed on Monday. ► *O contrato será assinado de comum acordo na segunda-feira.* **2.** If all parties are in *agreement* we shall vote now. ► *Se todos estão de acordo, nós votaremos agora.* **» chegar a um acordo** – to reach (an) *agreement*/to come to (an) *agreement*; **» estar de acordo** – to be in *agreement*; **» fazer um acordo** – to make a *deal*/an *agreement.* ■ deal. *vt.* ***contrato***, ***crédito***.

amostra *s.f.* | ***sample*** *s.*

1. We need a *sample* before ordering the product. ► *Nós precisamos de uma amostra antes de fazer o pedido do produto.* **2.** Please, send our customers a free *sample* of our new product. ► *Por favor, envie aos nossos clientes uma amostra grátis do nosso novo produto.* **» analisar uma amostra** – to analyse/study/test a *sample*; **» coletar uma amostra** – to collect/take a *sample*; **» corresponder com a amostra** – to correspond to the *sample*; **» fornecer uma amostra** – to provide a *sample*; **» submeter uma amostra** – to submit a *sample.* □ prova, exemplo. **+ conforme amostra** – according to *sample*/up to *sample*; **amostra grátis** – free *sample*; **pedido de amostra** – *sample* order.

apólice de seguro *s.f.* | ***insurance policy*** *s.*

1. There is a clause in the *insurance policy* excluding this kind of damage. ► *Há uma cláusula na apólice de seguro que exclui esse tipo de dano.*

atestado *s.m.* | ***certificate*** *s.* [cert.]

1. You need a *certificate* to testify that you have taken the training course. ► *Você precisa de um atestado para comprovar que fez o treinamento.*

atestado médico *s.m.* | ***medical certificate*** *s.*

1. The company requires a *medical certificate* for any absence of work. ▶ *A empresa exige um atestado médico para se ausentar do trabalho.* **» emitir um atestado médico** – to issue a *medical certificate*; **» fornecer um atestado médico** – to provide a *medical certificate*; **» exigir um atestado médico** – to require a *medical certificate*; **» assinar um atestado médico** – to sign a *medical certificate*. ■ doctor's certificate.

autorização *s.f.* | ***authorization*** *s.*

1. Did the board of directors give you *authorization* to sign that agreement? ▶ *A diretoria deu autorização para você assinar aquele contrato?*

aval *s.m.* | ***aval*** *s.*

1. The importer's bank will provide an *aval* to ensure that the bill of exchange will be paid. ▶ *O banco do importador fornecerá um aval para assegurar que a letra de câmbio será paga.* ■ co-signment.

aviso *s.m.* | ***notice*** *s.*

1. There is a *notice* to visitors on the production entrance door saying "Do not touch the machinery". ▶ *Há um aviso para visitantes na porta de entrada do setor de produção dizendo "Não toque no maquinário".* **» afixar um aviso** – to put up a *notice*; **» emitir/mandar um aviso** – to send out a *notice*. *vt.* ***quadro de avisos***.

aviso prévio *s.m.* | ***(previous) notice*** *s.*

1. She was given a month's *notice*. ▶ *Ela recebeu um aviso prévio de trinta dias.* **» dar um aviso prévio** – to give in a (*previous*) *notice*; **» entregar o aviso prévio** – to hand in the (*previous*) *notice*. ■ notice period, period of notice.

benefício *s.m.* | ***perk*** *s.*

1. A company car and meal tickets are some of the *perks* that come with the job. ▶ *Um carro da companhia e vales-refeição são alguns dos benefícios do* *emprego.* **2.** Medical and dentist care are common *perks* for top company managers. ► *Tratamento médico e odontológico são benefícios comuns concedidos aos gerentes em cargos mais altos dentro da companhia.* **» receber alguma coisa como benefício** – to be offered something as a *perk.* ■ benefit, fringe benefit, perquisite (formal). □ vantagem.

bônus *s.m.* | ***bonus*** *s.*

1. All staff received a Christmas *bonus* of R$ 300,00. ► Todos os funcionários receberam um bônus de Natal de R$ 300,00. **» dar um bônus** – to give a *bonus;* **» receber um bônus** – to receive a *bonus;* **» conseguir um bônus** – to get a *bonus.*

cadastro *s.m.* | ***personal records*** *s.*

1. The bank has required all clients to update their *personal records.* ► *O banco solicitou a todos os clientes que atualizem seus cadastros.*

carta de crédito *s.f.* | ***letter of credit*** *s.* [LC, L/C, l.c., l/c]

1. In order to receive the merchandise the buyers must have a *letter of credit.* ► *Para receber a mercadoria os compradores devem ter em mãos uma carta de crédito.* **» confirmar uma carta de crédito** – to confirm a *letter of credit;* **» emitir uma carta de crédito** – to issue a *letter of credit;* **» enviar uma carta de crédito** – to send a *letter of credit;* **» receber uma carta de crédito** – to receive a *letter of credit.* ■ credit letter. *vt.* ***documento.***

carta de crédito irrevogável *s.f.* | ***irrevocable letter of credit*** *s.*

1. We insist on an *irrevocable letter of credit* to ensure the transaction proceeds smoothly. ► Nós insistimos em uma carta de crédito irrevogável para garantir que a transação prossiga sem problemas.

certificado *s.m.* | ***certificate*** *s.* [cert.]

1. These *certificates* are designed to be used only for non-profit agencies. ► *Estes certificados são elaborados para serem usados somente por entidades sem fins lucra-*

tivos. » **apresentar um certificado** – to show a *certificate*; » **emitir um certificado** – to issue a *certificate*; » **requerer um certificado** – to require a *certificate. vt.* ***documento***, ***certificado de origem***, ***certificado de depósito de mercadoria***, ***certificado de remessa***.

certificado de depósito de mercadoria *s.m.* | ***warrant*** *s.*

1. A *warrant* is required to pick up the goods. ► *Exige-se um certificado de depósito para retirar a mercadoria.* » **emitir um certificado de depósito** – to issue a *warrant*; » **exigir um certificado de depósito** – to require a *warrant*; » **receber um certificado de depósito** – to receive a *warrant*; » **requisitar/solicitar um certificado de depósito** – to apply for a *warrant. vt.* ***certificado***.

certificado de origem *s.m.* | ***certificate of origin*** *s.* [c/o]

1. A *certificate of origin* is required by most countries to establish proof of origin of the goods being imported by them. ► *Um certificado de origem é requerido pela maioria dos países para que se possa estabelecer a procedência das mercadorias importadas por eles.* » **apresentar um certificado de origem** – to show a *certificate of origin*; » **emitir um certificado de origem** – to issue a *certificate of origin*; » **exigir um certificado de origem** – to require a *certificate of origin. vt.* ***certificado***.

certificado de remessa *s.m.* | ***waybill*** *s.* [WB]

1. Now we can use the internet to track the *waybill* and the customer information. ► *Agora podemos usar a internet para rastrear o certificado de remessa e as informações sobre o cliente.* **2.** This air *waybill* is not correct because it was issued by an airline whose name doesn't appear on it. ► *Este certificado de remessa aérea não está correto porque foi emitido por uma companhia aérea cujo nome não consta no documento.* » **assinar um certificado de remessa** – to sign a *waybill*; » **emitir um certificado de remessa** – to issue a *waybill*; » **receber um certificado de remessa** – to receive a *waybill.* **+** O termo também pode vir grafado com hífen: *way-bill. vt.* ***certificado***.

cheque *s.m.* | ***check*** *s.*

1. Please find enclosed a *check* for R$ 2.500 as a deposit. ► *Em anexo o senhor encontrará um cheque de R$ 2.500,00 como depósito.* **2.** *Checks* are accepted only when issued by the investor himself. ► *Aceitamos cheques somente quando são emitidos pelo próprio investidor.* » **cruzar um cheque** – to cross a *check*; » **emitir um cheque** – to issue a *check*; » **endossar um cheque** – to endorse a *check*; » **preencher um cheque** – to write out a *check*; » **sustar um cheque** – to stop a *check*. ▲ cheque (BE). + **cheque cruzado** – crossed *check*; **cheque em branco** – blank *check*; **cheque nominal** – order *check;* **cheque sem fundo** – bounced *check*; **cheque visado** – certified *check*. *vt.* ***talão de cheque***.

cláusula contratual *s.f.* | ***clause*** *s.* [cl]

1. *Clause* 5 in the contract specifies the method of payment. ► *A cláusula 5 do contrato especifica as condições de pagamento.* » **acrescentar uma cláusula** – to add a *clause*; » **incluir/inserir uma cláusula** – to include/insert a *clause*. ■ terms. *vt.* ***contrato***.

comissão *s.f.* | ***commission*** *s.*

1. We can offer a 15 per cent *commission* to our agents. ► *Nós podemos oferecer 15% de comissão aos nossos representantes.* » **conceder uma comissão** – to grant a *commission*; » **conseguir uma comissão** – to get a *commision*.

comprovante *s.m.* | ***voucher*** *s.*

1. I'll send you a *voucher* stating that you have paid for our consulting services. ► *Eu enviarei um comprovante declarando que você pagou pelos nossos serviços de consultoria.* » **fornecer um comprovante** – to supply a *voucher*.

concordata *s.f.* | ***composition with creditors*** *s.*

1. The company is trying to make a *composition with* its *creditors* in order to avoid bankruptcy. ► *A empresa está tentando entrar em concordata com os seus credores para evitar a falência.*

condições *s.f.pl.* | ***terms*** *s.pl.*

1. According to the *terms* of our sales agreement, payment is to be made in cash. ▶ *De acordo com as condições do contrato de venda, o pagamento deve ser à vista.* □ termos.

condições comerciais *s.f.pl.* | ***trade terms*** *s.pl.*

1. These are the *trade terms* generally available to our country's trading partners. ▶ *Estas são as condições comerciais disponíveis para os nossos parceiros de negócios.*

condições de entrega *s.f.pl.* | ***delivery terms*** *s.pl.*

1. Customs require information on the *delivery terms* such as weight, method of transport and country of origin. ▶ *A alfândega exige informações sobre as condições de entrega tais como peso, tipo de transporte e país de origem.*

condições de pagamento *s.f.pl.* | ***payment terms*** *s.pl.*

1. We might consider extending the normal *payment terms* as necessary. ▶ *Nós podemos considerar uma extensão das condições de pagamento caso seja necessário.* ■ terms of payment, method of payment.

condições de venda *s.f.pl.* | ***terms of sale*** *s.pl.*

1. You will find enclosed a copy of our *terms of sale* for your reference. ▶ *Em anexo, encontra-se uma cópia das nossas condições de venda para seu conhecimento.*

conhecimento de embarque *s.m.* | ***bill of lading*** *s.* [B/L, B/l., b.l.]

Documento assinado pelo transportador comprometendo-se a entregar a mercadoria, discriminada no contrato, ao consignatário designado pelo consignador/expedidor. Espécie de recibo. **1.** The shipping company will only release the goods against a signed original of the *bill of lading.* ▶ *A empresa transportadora somente liberará a mercadoria mediante apresentação do conhecimento de embarque original, assinado.* **2.** We have a *bill of lading* as evidence of a contract between the shipper and the carrier. ▶ *Nós temos um conhecimen-*

to de embarque como prova de contrato entre o expedidor e o transportador. » **emitir um conhecimento de embarque** – to issue a *bill of lading*; » **entregar um conhecimento de embarque** – to surrender a *bill of lading*; » **recusar um conhecimento de embarque** – to refuse a *bill of lading*. ✚ Para atestar que a mercadoria chegou ao seu destino sem avarias é emitido um conhecimento de embarque chamado *clean bill of lading*; quando esta sofreu algum dano, o documento emitido é denominado *dirty bill of lading*. *vt.* ***documento***.

consentimento *s.m.* | ***acceptance*** *s.*

1. I would be grateful if you could confirm your *acceptance* in writing. We can then discuss further details. ► *Eu ficaria agradecido se você pudesse confirmar seu consentimento por escrito. Nós poderemos então discutir mais detalhes.* □ aprovação.

conta *s.f.* | ***bill*** *s.*

1. First of all it's important to consider the *bills* which still require payment. ► *Em primeiro lugar precisamos considerar as contas que ainda precisam ser pagas.* **2.** We are happy to state that this company has always paid its *bills* on time. ► *Estamos felizes em atestar que esta empresa sempre pagou suas contas em dia.* » **acertar/pagar a conta** – to pay/settle/clear a *bill*; » **receber uma conta** – to receive a *bill*. ✚ O termo *bill* também pode ser usado como verbo no sentido de "cobrar". Ex. I can't pay now, please *bill* me for it later. ► *Eu não posso pagar agora, me cobre mais tarde, por favor.*

conta-corrente *s.f.* | ***(bank) account*** *s.* [c/a]

1. In order to handle our export business in your country, we wish to open a(n) *(bank) account* at your bank. ► *Para conduzir a nossa firma de exportação no seu país, pretendemos abrir uma conta-corrente em seu banco.* **2.** The bank must be sure that all formalities are fulfilled to open a(n) *(bank) account*. ► *O banco tem de se certificar de que todas as formalidades sejam atendidas para a abertura de uma conta*; » **abrir uma conta-corrente** – to open a *bank account*; » **depositar (dinheiro) na conta-corrente** – to pay (money) into a *bank account* (to make a deposit); » fechar uma conta bancária – to close a bank account; » **retirar/sacar (dinheiro) da conta-corrente** – to withdraw (money) from a *bank account*/to draw (money) out of a *bank account*. ▲ (current) account [c/a] (BE). ■ account [A/C, a/c, acct].

contracheque *s.m.* | ***pay slip*** *s.*

1. The first payment of your loan will be showed on your next *pay slip.* ► *O primeiro pagamento do seu empréstimo aparecerá no seu próximo contracheque.* □ holerite. *vt.* ***salário***[1], ***salário***[2].

contrato *s.m.* | ***agreement*** *s.*

1. We will sign the *agreement* tomorrow unless something goes wrong. ► *Nós assinaremos o contrato amanhã, a menos que alguma coisa dê errado.* » **assinar um contrato** – to sign an *agreement*; » **cancelar um contrato** – to void an *agreement*; » **infringir um contrato** – to breach an *agreement*; » **quebrar um contrato** – to break an *agreement*; » **renovar um contrato** – to renew an *agreement.* ■ contract. *vt.* ***acordo***, ***documento***, ***condições***, ***cláusula contratual***.

contrato de compra e venda *s.m.* | ***sales agreement*** *s.*

1. According to our *sales agreement* the goods ordered were supposed to have already reached us. ► *De acordo com nosso contrato de compra e venda, a mercadoria encomendada já deveria ter sido entregue.*

contrato de venda *s.m.* | ***bill of sale*** *s.* [B.S., B/S, b.s., b/s]

1. The lawyer has already drawn up the *bill of sale* of the building. We have just to sign it now. ► *O advogado já redigiu o contrato de venda do prédio. Nós só temos que assiná-lo agora.* » **assinar um contrato de venda** – to sign a *bill of sale*; » **redigir um contrato de venda** – to draw up a *bill of sale.* □ escritura de venda.

contrato empregatício *s.m.* | ***terms of employment*** *s.pl.*

1. For new employees the company will not include in the *terms of employment* the flexible hours. ► *Para novos empregados, a empresa não incluirá no contrato empregatício o expediente de trabalho flexível.* ■ contract of employment, employment contract.

crédito *s.m.* | ***credit*** *s.*

Acordo feito entre comprador e vendedor para que a mercadoria ou serviço possa ser pago após a entrega, dentro de um período acordado. **1.** Would you grant us a *credit* period of 30 days for an order of 1000 units? ► *Os senhores nos concederiam um prazo de pagamento de trinta dias para um pedido de mil unidades?* » **conceder crédito** – to grant *credit*; » **obter crédito** – to obtain *credit*; » **oferecer crédito** – to offer *credit*. *vt.* ***acordo.***

currículo *s.m.* | ***résumé*** *s.*

1. Applicants who meet all the requirements should send a covering letter and *résumé*. ► *Os candidatos que preencherem todos os requisitos devem enviar uma carta de apresentação e o currículo.* **2.** Two candidates were not invited to the interview because we did not receive their *résumés*. ► *Dois candidatos não foram convidados para a entrevista porque não recebemos os seus currículos.* » **atualizar o currículo** – to update the *résumé*; » **fazer o currículo** – to write the *résumé*. **+** Curriculum vitae [CV] (BE).

custo *s.m.* | ***cost*** *s.*

1. The estimated production *costs* had to be reconsidered due to high inflation. ► *Os custos de produção previstos tiveram que ser revistos devido à inflação alta.* » **cobrir o custo** – cover/meet/pay the *cost*; » **calcular o custo** – assess/calculate/estimate the *cost*; » **cortar o custo** – to cut the *cost*. **+ custo total** – full/total *cost*; **baixo custo** – low *cost*; **sem custo extra** – at no extra *cost*; **a custo alto** – at a high *cost*.

decisão *s.f.* | ***decision*** *s.*

1. A *decision* has to be taken regarding the acquisition of a site to build the new plant. ► *É preciso tomar uma decisão quanto à aquisição de um terreno* *para a construção da nova fábrica.* » **tomar uma decisão** – to make/take a *decision*; » **chegar a uma decisão** – to come to a *decision.* + **tomada de decisão** – *decision*-making.

declaração *s.f.* | ***statement*** *s.*

1. Don't forget to sign your *statement* after you have made it. ▶ *Não se esqueça de assinar a declaração depois de redigi-la.* » **dar/fazer uma declaração** – to make/issue a *statement.*

declaração de imposto de renda *s.f.* | ***(income) tax return*** *s.*

1. The account department informed that it has already finished doing the last year *tax return.* ▶ *O departamento de contabilidade informou que já terminou de fazer a declaração de renda do ano passado.* » **preencher a declaração de imposto de renda** – to fill in the *(income) tax return.*

Diário Oficial da União *s.m.* | ***Official Daily Government Newspaper*** *s.*

1. Please find out in the *Official Daily Government Newspaper* if new shares in the Telecoms Industry have already been issued. ▶ *Por favor verifique no Diário Oficial da União se novas ações da Empresa de Telecomunicações já foram emitidas.*

dívida *s.f.* | ***debt*** *s.*

1. It took him years to pay off all his *debts.* ▶ *Levou anos para ele saldar todas as suas dívidas.* **2.** A *debt* should always be settled in due time. ▶ *Uma dívida deve sempre ser acertada dentro do prazo estipulado.* » **fazer uma dívida** – to incur/take on a *debt*; » **receber uma dívida** – to collect a *debt*; » **saldar uma dívida** – to clear/pay off/settle a *debt.* □ débito.

documentação *s.f.* | ***documentation*** *s.*

1. The applicants must gather all the necessary *documentation* and hand it in at the human resource department as soon as possible. ▶ *Os candidatos devem* *reunir toda a documentação necessária e entregá-la no departamento de recursos humanos o mais breve possível.*

documento *s.m.* | ***document*** *s.*

1. Every applicant should sign the enclosed *document.* ► *Todos os candidatos devem assinar o documento anexo.* **» assinar um documento** – to sign a *document*; **» emitir um documento** – to issue a *document*; **» redigir um documento** – to draw up a *document. vt.* ***carta de crédito***, ***certificado***, ***contrato***, ***conhecimento de embarque***, ***guia de importação***, ***letra de câmbio***, ***licença***[1], ***nota promissória***, ***recibo***.

documentos de embarque *s.m.pl.* | ***shipping documents*** *s.pl.*

Documentos de exportação enviados pelo exportador para o representante no país ou o banco do importador. Quando o importador paga pelo produto, usa os documentos para reclamar a mercadoria no porto e passar pela alfândega. **1.** We would like to inform you we have received the *shipping documents* from the freight forwarding agency. ► *Gostaríamos de informar que recebemos do transportador os documentos de embarque.* **2.** *The shipping documents*, including bill of lading, invoice and insurance have been passed to the bank. ► *Os documentos de embarque, incluindo conhecimento de embarque, fatura e seguro foram transferidos para o banco.* ■ export documents.

duplicata *s.f.* | ***trade note*** *s.*

Título de crédito representativo de uma operação comercial emitido pelo comerciante. **1.** The supplier's *trade note* receivable is due next month. ► *A duplicata do fornecedor vai vencer no próximo mês.* ■ duplicate invoice. **+ duplicata a receber** – trade receivable; **duplicata a pagar** – *trade note* payable; **duplicata descontada** – discounted trade receivable.

embarque e desembarque *s.m.* | ***shipping and handling*** *s.*

Preço cobrado para o embarque e desembarque da mercadoria. **1.** Please add 12% to the total for your order to pay for *shipping and handling.* ► *Por favor acrescente 12% ao preço total do pedido para embarque e desembarque da mercadoria.*

emenda *s.f.* | ***amendment*** *s.*

1. Mr Ferreti called a meeting to discuss the *amendments* to the proposal. ► *O Sr. Ferreti convocou uma reunião para discutir as emendas da proposta.* » **acrescentar/incluir uma emenda** – to add/include an *amendment*; » **propor uma emenda** – to propose an *amendment.*

encomenda (feito sob) *adj.* | ***customer-driven*** *adj.*

1. Our line of fine office furniture can be *customer-driven.* ► *A nossa linha de mobília de alto-padrão para escritório pode ser feita sob encomenda.* ■ custom/tailor-made.

endosso *s.m.* | ***endorsement*** *s.*

Ato pelo qual alguém transfere a outrem os seus direitos sobre um título de crédito, colocando a sua assinatura no verso do citado título. **1.** The *endorsement* of the check by Mr Brown makes it payable to us. ► *O endosso do cheque pelo Sr. Brown nos dá o direito de descontá-lo.* » **endossar** – to make an *endorsement.* ▲ O termo também pode ser escrito com "i": *indorsement.*

entrega *s.f.* | ***delivery*** *s.*

1. We are still waiting for the *delivery* of some parts. ► *Nós ainda estamos aguardando a entrega de algumas peças.* » **fazer uma entrega** – to do/make a *delivery.* + **pagamento contra-entrega** – cash on *delivery* [COD].

esclarecimento *s.m.* | ***clarification*** *s.*

1. Mr Born asked for some *clarification* on clause 3 of the contract. ► *O Sr. Born solicitou esclarecimento sobre a cláusula 3 do contrato.*

estágio probatório *s.m.* | ***probation period*** *s.*

Período no qual um novo funcionário é avaliado para verificação de competência para determinado trabalho. **1.** After a three-month *probation period* the employee was considered suitable for the job. ► *Depois de um período de estágio probatório de três meses o funcionário foi considerado apto para o trabalho.*

estimativa *s.f.* | ***estimate*** *s.*

1. We are not sure how much it will cost, so we have given the client an *estimate*. ► *Nós não temos certeza de quanto custará, então demos uma estimativa para o cliente.* □ avaliação.

estoque *s.m.* | ***stock*** *s.*

1. We would like to inform you that the parts you ordered are now in *stock* and available for pick up. ► *Gostaríamos de informar ao senhor que as peças solicitadas estão agora no estoque e disponíveis para a retirada.* **» estar disponível em estoque** – to be in *stock*; **» estar em falta no estoque/esgotado** – to be out of *stock*; **» ter no estoque** – to have in *stock*; **» reabastecer o estoque** – to replenish the *stock*.

exigência *s.f.* | ***requirement*** *s.*

1. The head of human resources thinks that the candidate meets all the *requirements* for the position. ► *O chefe do departamento de recursos humanos acha que o candidato atende todas as exigências para o cargo.* **» atender/corresponder às exigências** – to meet the *requirements*.

extrato bancário *s.m.* | ***bank statement*** *s.*

1. If there is ever an error in your *bank statement*, please call our customer service department and they will assist you. ► *Se houver algum erro no seu extrato bancário, entre em contato com o nosso departamento de atendimento ao consumidor que eles lhe atenderão.* **» pedir um extrato bancário** – to request/ask for a *bank statement*; **» receber um extrato bancário** – to receive a *bank statement*.

falência *s.f.* | ***bankruptcy*** *s.*

1. I've heard that our main supplier is about to face *bankruptcy*. ► *Eu soube que o nosso principal fornecedor está para enfrentar um processo de falência.* **» enfrentar (processo) de falência** – to face *bankruptcy*; **» requerer falência** – to file for *bankruptcy*; **» declarar falência** – to declare *bankruptcy*.

fatura *s.f.* | ***invoice*** *s.*

1. We haven't received payment for our *invoice* yet. ► *Nós não recebemos o pagamento da fatura ainda.* **2.** We have not yet received all of the items listed on this *invoice.* ► *Nós ainda não recebemos todos os produtos discriminados na fatura.* » **enviar uma fatura** – to send (out) an *invoice*; » **pagar uma fatura** – to pay an *invoice*; » **receber uma fatura** – to receive an *invoice*; » **emitir uma fatura** – to issue an *invoice.* □ nota fiscal. **+** O termo *invoice* também pode ser usado como verbo com o significado de "faturar". Ex. Please *invoice* me for the goods. ► *Favor faturar a mercadoria. vt.* ***fatura pro-forma.***

fatura pro-forma *s.f.* | ***pro-forma invoice*** *s.*

Fatura que é enviada para informação ou pagamento antes que a mercadoria seja fornecida. Não acompanha a mercadoria. **1.** The enclosed *pro-forma invoice* is for your order no. 15457, which is now packed and awaiting despatch. ► *A fatura pro-forma em anexo é do seu pedido nº 15457, que está embalado e aguardando para ser despachado. vt.* ***fatura.***

faturamento *s.m.* | ***revenue*** *s.*

1. We have a *revenue* of over 70 billion dollars. ► *Nós temos um faturamento de mais de setenta bilhões de dólares.* ▲ turnover [TO] (BE).

folha de pagamento *s.f.* | ***payroll*** *s.*

1. Our company offers outstanding employee *payroll* processing services. ► *Nossa companhia oferece um excelente serviço de processamento de folhas de pagamento.*

formulário *s.m.* | ***form*** *s.*

1. If you fill in this *form* we will process your request as quickly as possible. ► *Se o senhor preencher este formulário nós processaremos seu pedido o mais rapidamente possível.* **2.** There was no delivery address on the order *form.* ► *Não havia nenhum endereço de entrega no formulário de pedido.* » **preencher um formulário**

de pedido – to fill in/out a *form*; **» processar um formulário de pedido** – to process a *form*. □ guia.

formulário (de requerimento, solicitação etc.) *s.m.* | ***application form*** *s.*

Formulário impresso que é preenchido quando se quer fazer um pedido formal. **1.** We need to receive your *application form* by December 1st. ► *Nós precisamos receber o seu formulário (de solicitação) até 1º de dezembro.*

formulário de declaração de imposto de renda *s.m.* | ***tax return form*** *s.*

1. My *tax return form* has arrived. ► *Meu formulário de declaração de imposto de renda chegou.* □ guia de recolhimento do imposto. ■ tax form. *vt.* ***imposto de renda.***

formulário de pedido *s.m.* | ***order form*** *s.*

1. We wish to order the articles listed on the enclosed *order form.* ► *Gostaríamos de solicitar a mercadoria discriminada no formulário de pedido em anexo. vt.* **pedido.**

frete *s.m.* | ***freight*** *s.*

1. The price does not include *freight* or insurance. ► *O frete e o seguro não estão incluídos no preço.* ▲ carriage [cge] (BE). *vt.* ***frete a ser pago.***

frete a ser pago *s.m.* | ***carriage forward*** *s.* [CF/crr. fwd.]

Condição de venda em que o custo do transporte da mercadoria é pago pelo comprador. **1.** All goods are sold *carriage forward.* ► *Toda mercadoria é vendida na condição de que o frete seja pago pelo destinatário. vt.* ***frete.***

garantia *s.f.* | ***guarantee*** *s.*

1. The shop next to my house offers competitive prices and a full money-back *guarantee* on all their electronic products. ► *A loja próxima a minha casa oferece* *os melhores preços e garantia de devolução total do dinheiro em todos os seus produtos.* **2.** The digital camera was still under *guarantee*, so I had it repaired free of charge. ▶ *A câmera digital ainda estava na garantia, então eles consertaram sem cobrar nada.* » **ter garantia** – to have/carry/come with *guarantee*; » **estar em garantia** – to be under *guarantee* (= to be protected by *guarantee*). ■ warranty.

guia de importação *s.f.* | ***bill of entry*** *s.*

1. Before dispatching the goods prepare a *bill of entry* for customs. ▶ *Antes de despachar a mercadoria, prepare uma guia de importação para a alfândega.* » **preparar uma guia de importação** – to prepare a *bill of entry*; » **tirar uma guia de importação** – to draw up a *bill of entry*; » **verificar uma guia de importação** – to check a *bill of entry*. ■ import permit. *vt.* ***documento***.

imposto *s.m.* | ***tax*** *s.*

1. *Tax* on exportation has been considerably reduced lately. ▶ *O imposto sobre exportação teve uma redução considerável recentemente.* » **abolir o imposto** – to abolish/remove the *tax*; » **arrecadar imposto** – to levy *tax*; » **aumentar o imposto** – to raise/increase the *tax*; » **cobrar imposto** – to impose *tax*; » **pagar imposto** – to pay *tax*; » **reduzir o imposto** – to reduce/cut *tax*. □ taxa. + O termo *value-added tax* [VAT] equivale em português ao imposto sobre circulação de mercadoria e serviços [ICMS].

imposto alfandegário *s.m.* | ***customs duty*** *s.*

Imposto arrecadado sobre produtos que entram em um país. **1.** Some products may be imported without incurring *customs duty*. ▶ *Alguns produtos podem ser importados sem imposto alfandegário.*

imposto de exportação *s.m.* | ***export duty*** *s.*

1. The *export duties* collected on soy milk were increased recently. ▶ *Os impostos de exportação recolhidos sobre o leite de soja aumentaram recentemente.* *vt.* ***imposto***, ***imposto de importação***.

imposto de importação *s.m.* | ***import duty*** *s.*

1. The Brazilian Government held a special meeting to decide on how much *import duty* should be imposed on electronics that are assembled in Manaus. ► *O governo brasileiro realizou uma reunião para decidir sobre o valor do imposto de importação que será cobrado sobre os produtos eletrônicos montados em Manaus. vt.* ***imposto de exportação***.

imposto de renda *s.m.* | ***income tax*** *s.*

1. The *income tax* is automatically deducted from our salaries. ► *O imposto de renda é automaticamente descontado do nosso salário. vt.* ***formulário de declaração do imposto de renda***, ***renda***.

instrução *s.f.* | ***instruction*** *s.*

1. The secretary had *instructions* not to transfer any calls to Mr Cilli's office during the meeting. ► *A secretária recebeu instruções para não transferir nenhuma chamada telefônica para o escritório do Sr. Cilli durante a reunião.* » **seguir instruções** – to follow/carry out *instructions*; » **dar instruções** – to give/issue *instructions.*

letra de câmbio *s.f.* | ***bill of exchange*** *s.* [b.c., BE, B/E]

Documento usado especialmente em transações comerciais, autorizando o pagamento de uma determinada quantia em uma data fixada. **1.** I have already talked to the bank manager to discount the *bill of exchange* in advance. ► *Eu já falei com o gerente do banco para descontar a letra de câmbio antecipadamente.* » **aceitar uma letra de câmbio** – to accept a *bill of exchange*; » **assinar uma letra de câmbio** – to sign a *bill of exchange*; » **descontar uma letra de câmbio** – to discount a *bill of exchange*; » **emitir uma letra de câmbio** – to draw a *bill of exchange*; » **endossar uma letra de câmbio** – to endorse a *bill of exchange.* ■ bank note. *vt.* ***documento***.

licença[1] *s.f.* | ***license*** *s.*

Documento oficial que concede o direito de possuir, fazer ou usar alguma coisa. **1.** We have got a *license* to transport chemicals only in special trucks.

► *Nós conseguimos uma licença para transportar produtos químicos somente em caminhões especiais.* » **conceder uma licença** – to grant a *license*; » **emitir uma licença** – to issue a *license*; » **obter uma licença** – to obtain a *license*; » **recusar uma licença** – to refuse a *license*; » **solicitar uma licença** – to apply for a *license*. □ autorização, permissão. ▲ licence (BE). ■ permit. *vt.* ***documento*, *licença de exportação*, *licença de importação*.**

licença² *s.f.* | ***leave*** *s.*

Período remunerado em que é permitido ao trabalhador se ausentar do trabalho e de suas obrigações. **1.** Mr Fabretti can't attend the meeting because he is on *leave* at the moment. ► *O Sr. Fabretti não pode participar da reunião porque ele está em licença no momento.* **2.** I was granted a three-month's *leave*. ► *Foram-me concedidos três meses de licença.* » **conceder/dar uma licença** – to grant/give a *leave*; » **conseguir uma licença** – to get a *leave*; » **estar em licença** – to be on a *leave*; » **sair de licença** – to go on a *leave*; » **tirar uma licença** – to take a *leave*. *vt.* ***licença maternidade*, *licença paternidade*, *licença médica*.**

licença de exportação *s.f.* | ***export permit*** *s.*

1. Some goods require export permit before they are sent abroad. ► *Algumas mercadorias requerem licença de exportação antes de serem enviadas para o exterior.* ▲ export licence (BE). *vt.* ***licença*¹**.

licença de importação *s.f.* | ***import permit*** *s.*

1. The duty on computers used to be very high and importers also had to get an *import permit* in order to get them into the country. ► *A tarifa alfandegária sobre computadores era muito alta e os importadores também tinham que conseguir uma licença de importação para trazê-los para o país.* ▲ import licence (BE). *vf.* ***licença*¹**.

licença maternidade *s.f.* | ***maternity leave*** *s.*

1. In Brazil women have the right to 4 months of *maternity leave*. ► *No Brasil as mulheres têm direito a quatro meses de licença maternidade. vt.* ***licença*²**.

licença médica *s.f.* | ***sick leave*** *s.*

1. The secretary took a week *sick leave* because she had an accident. ► *A secretária tirou uma licença médica de uma semana porque sofreu um acidente.* ■ medical leave of absence. □ licença de saúde. *vt.* ***licença***[2].

licença paternidade *s.f.* | ***paternity leave*** *s.*

1. At the moment my assistant is on a *paternity leave*, he'll be back only in July. ► *No momento meu assistente está em licença paternidade, ele voltará somente em julho. vt.* ***licença***[2].

licitação *s.f.* | ***tender*** *s.*

1. Our company has been invited for a *tender* to build the City Hall new building. ► *Nossa empresa foi convidada para participar de uma licitação para a construção do novo prédio da Prefeitura.* » **licitação pública** – public *tender*; » **solicitar uma licitação** – to invite/to ask for a *tender*; » **fazer uma licitação** – to make a *tender*; » **apresentar uma licitação** – to put in a *tender*; » **aceitar uma licitação** – to accept a *tender*; » **tomar parte na licitação de algo** – to *tender* for something; » **ganhar uma licitação** – to win a *tender*.

lista de preços *s.f.* | ***price list*** *s.*

1. We have enclosed our *price list*, but we'd like to point out that prices are subject to changes. ► *Segue anexa a nossa lista de preços, no entanto gostaríamos de salientar que eles estão sujeitos a mudanças.*

marca registrada *s.f.* | ***trademark*** *s.*

1. Our company's *trademark* is recognized worldwide. ► *A marca registrada da nossa empresa é reconhecida no mundo todo.* □ marca de fábrica. ✚ O termo pode vir separado: *trade mark*.

moratória *s.f.* | ***moratorium*** *s.*

1. We are short of cash. Let's ask our creditors for a *moratorium* on debt payment. ► *Nós estamos sem dinheiro. Vamos pedir aos nossos credores uma moratória para* *o pagamento da dívida.* » **declarar uma moratória** – to announce/declare a *moratorium*; » **apresentar uma moratória** – to introduce a *moratorium*.

nome comercial (de um produto) *s.m.* | ***trade name*** *s.*

1. Our new product will be launched under the *trade name* LXP30. ► *O nosso novo produto será lançado com o nome comercial de LXP30.* ■ brand name.

nota de entrega *s.f.* | ***delivery note*** *s.* [d/o]

1. After delivering the goods the truck driver asked the client to sign the *delivery note.* ► *Depois de entregar o produto, o motorista de caminhão pediu ao cliente para assinar a nota de entrega.* ▲ **nota de consignação** – consignment note [C/N].

nota promissória *s.f.* | ***promissory note*** *s.* [P/N]

1. Write a *promissory note* and then call Mr Morgan and ask him if he can endorse it. ► *Prepare uma nota promissória e depois ligue para o Sr. Morgan e pergunte se ele poderia endossá-la.* » **assinar uma nota promissória** – to sign a *promissory note*; » **fazer uma nota promissória** – to write a *promissory note*; » **pagar uma nota promissória** – to pay by a *promissory note.* ■ P note. *vt.* ***documento.***

oferta *s.f.* | ***offer*** *s.*

1. I received an *offer* of 60 days credit on all their range of products. ► *Eu recebi uma oferta de crédito de sessenta dias em toda a linha de produtos deles.* » **aceitar uma oferta** – to accept an *offer*; » **fazer uma oferta** – to make an *offer*; » **receber uma oferta** – to receive an *offer*; » **recusar uma oferta** – to refuse/reject/turn down an *offer*.

orçamento *s.m.* | ***budget*** *s.*

1. The financial department is responsible for the company's *budget.* ► *O departamento financeiro é responsável pelo orçamento da empresa.* » **fazer um orçamento** – to do/draw up a *budget*; » **planejar um orçamento** – to plan a *budget*.

ordem de pagamento *s.f.* | ***money order*** *s.* [MO]

1. Sending a *money order* is cheaper than using bank services. ► *Enviar uma ordem de pagamento é mais barato que utilizar serviços bancários.* » **descontar uma ordem de pagamento** – to cash a *money order*; » **mandar uma ordem de pagamento** – to send a *money order*. ▲ postal order (BE).

ordem de serviço *s.f.* | ***job order*** *s.*

1. Production issued a *job order* for one thousand advertising caps. ► *O departamento de produção emitiu uma ordem de serviço para mil bonés de propaganda.*

pagamento *s.m.* | ***payment*** *s.* [payt]

1. We will make a bank deposit as *payment* of our debt. ► *Faremos um depósito bancário como pagamento de nossa dívida.* » **acertar um pagamento** – to settle, to pay, to clear a *payment*; » **fazer pagamento** – to make *payment*; » **receber um pagamento** – to receive a *payment*; » **recusar um pagamento** – to refuse *payment*; » **suspender o pagamento** – to stop/suspend the *payment*.

pagamento contra apresentação de documentos *s.m.* | ***cash against documents*** *s.* [CAD]

1. The exporter agreed to send the goods *cash against documents*. ► *O exportador concordou em enviar a mercadoria mediante pagamento contra apresentação de documentos.*

pagamento contra entrega (da mercadoria) *s.m.* | ***cash on delivery*** *s.* [COD]

1. Please send us the goods COD (*cash on delivery*). ► *Pedimos que nos remetam a mercadoria para pagamento no ato da entrega.* ■ payment on delivery [pod]; payment on receipt of the goods.

pagamento no pedido (da mercadoria) *s.m.* | ***cash with order*** *s.* [CWO]

1. Our sales terms are *cash with order only.* ► *As nossas condições de venda são pagamento no ato do pedido apenas.*

pedido (de mercadoria) *s.m.* | ***order*** *s.*

1. Please fax us your order. ► *Por favor, envie o seu pedido via fax.* **2.** If you are not satisfied with the goods you have the right to cancel the *order* and receive a full refund. ► *Se não estiver satisfeito com a mercadoria, o senhor terá o direito de cancelar o pedido e de ser restituído.* » **cancelar um pedido** – to cancel an *order*; » **confirmar um pedido** – to confirm an *order*; » **fazer um pedido** – to order/to place an *order*; » **processar um pedido** – to process an *order*. □ encomenda. *vt.* ***formulário de pedido***.

pedido de demissão *s.m.* | ***resignation*** *s.*

1. The board accepted their *resignations.* ► *A diretoria aceitou os pedidos de demissão.* » **aceitar um pedido de demissão** – to accept a *resignation*; » **entregar um pedido de demissão** – to give/hand in a *resignation*; » **recusar um pedido de demissão** – to refuse/reject a *resignation*.

plano de pagamento *s.m.* | ***payment plan*** *s.*

1. We can discuss a *payment plan* that will work for both of us. ► *Nós podemos discutir um plano de pagamento que dará certo para nós dois.*

plano de saúde *s.m.* | ***health plan*** *s.*

1. What *health plan* do you have? ► *Qual é o seu plano de saúde?* ■ medical, health insurance. □ convênio médico.

política (da empresa) *s.f.* | ***policy*** *s.*

1. It's company *policy* to provide employees with language courses since we have branches in several countries. ► *É política da empresa oferecer cursos de línguas aos funcionários uma vez que temos filiais em vários países.*

prazo *s.m.* | ***term*** *s.*

1. We have signed a contract with our raw material supplier for a fixed *term* of 3 years. ► *Nós assinamos um contrato com nosso fornecedor de matéria-prima por um prazo fixo de três anos.* » **a longo/curto/médio prazo** – in the long/short/medium *term.*

prazo previsto (dentro do) *s.m.* | ***on schedule***

1. Our staff is making sure everything happens *on schedule.* ► *Nossos funcionários estão se certificando de que tudo aconteça dentro do prazo previsto.* **+ adiantado (em relação ao prazo previsto)** – ahead of schedule; **atrasado (em relação ao prazo previsto)** – behind schedule.

preço *s.m.* | ***price*** *s.*

1. We assure you that our *prices* are the lowest possible in the market. ► *Garantimos que nossos preços são os menores possíveis do mercado.* » **acertar o preço** – to set/settle the *price*; » **aumentar o preço** – to increase/raise the *price*/to mark up; » **concordar com o preço** – to agree on a *price*; » **cotar preço** – to quote *price*; » **fixar um preço** – to fix a *price*, to price; » **manter o preço** – to maintain the *price*; » **reduzir/abaixar o preço** – to reduce/lower the *price*. **+ metade do preço** – half *price.*

preço bruto *s.m.* | ***gross price*** *s.*

1. Our *gross price*, inclusive of delivery charges, is the smallest on the market. ► *Nosso preço bruto, incluindo a taxa de entrega, é o menor do mercado. vt.* ***preço líquido***.

preço de custo *s.m.* | ***cost price*** *s.*

1. We usually add 50% to the manufacturer's *cost price.* ► *Nós acrescentamos 50% sobre o preço de custo do fabricante.*

preço líquido *s.m.* | ***net price*** *s.*

1. The *net price* of this article is $ 5,00. ▶ *O preço líquido deste artigo é $ 5,00. vt.* ***preço bruto***.

preço unitário *s.m.* | ***unit price*** *s.*

1. The *unit price* for each item is $ 10. ▶ *O preço unitário para cada item é $ 10.*

prestação *s.f.* | ***installment*** *s.*

1. You can pay the car in five *installments* without interest rates. ▶ *Você pode pagar o carro em cinco prestações sem taxas de juros.* » **pagar algo em prestações/a prestação** – to pay (something) by/in *installments.* ▲ instalment.

processo *s.m.* | ***lawsuit*** *s.*

1. The board of directors decided to bring a *lawsuit* over the catering company for breach of contract. ▶ *A diretoria decidiu instaurar um processo contra a empresa fornecedora de alimentos em razão de quebra de contrato.* » **instaurar/protocolar um processo** – to bring/file/issue a *lawsuit.*

procuração[1] *s.f.* | ***power of attorney*** *s.* [PA]

Documento legal que autoriza uma pessoa a agir por outra em situações legais. **1.** A *power of attorney* has been granted to the financial director so that he could negotiate our debts. ▶ *Foi concedida uma procuração para o nosso diretor financeiro para que ele pudesse negociar as nossas dívidas.* » **dar/conceder procuração a alguém** – to give/grant someone *power of attorney.* ■ letter of attorney. *vt.* ***procuração***[2].

procuração[2] *s.f.* | ***proxy*** *s.*

Autorização por escrito que dá a uma pessoa poderes para agir pela outra. **1.** Mr Born will need to vote by *proxy* once he's traveling on business next week. ▶ *O Sr. Born terá que votar por procuração uma vez que viajará a negócios na próxima semana.* » **votar por procuração** – to vote by *proxy.* ✚ O termo *proxy* pode indicar a pessoa que tem a procuração para tratar dos negócios de outra pessoa (procurador). *vt.* ***procuração***[1].

projeção de custo *s.f.* | ***cost projection*** *s.*

1. I have attached a *cost projection* for your review. ▶ *Eu anexei uma projeção de custo para sua análise.* **2.** As requested, the conference *cost projection* was faxed to you last week. ▶ *Conforme requisitado, um fax com a projeção de custo da conferência foi enviado aos senhores na semana passada.*

proposta *s.f.* | ***proposal*** *s.*

1. The *proposal* was rejected by the committee. ▶ *A proposta foi rejeitada pelo comitê.* **2.** Put forward your *proposal* we would like to analyze it. ▶ *Apresente sua proposta, nós gostaríamos de analisá-la.* » **aceitar uma proposta** – to accept a *proposal*; » **apresentar uma proposta** – to put forward/up a *proposal*; » **rejeitar uma proposta** – to reject/refuse a *proposal.*

recebimento *s.m.* | ***receipt*** *s.*

1. The goods were dispatched on *receipt* of your order. ▶ *A mercadoria foi despachada no recebimento do seu pedido.* **2.** The customer has faxed acknowledging *receipt* of the computers. ▶ *O cliente enviou um fax acusando o recebimento dos computadores.*

recibo *s.m.* | ***receipt*** *s.*

1. They have emailed us requiring another *receipt* for the last items they ordered. ▶ *Eles enviaram um e-mail solicitando um outro recibo para os últimos itens que pediram.* » **assinar um recibo** – to sign a *receipt*; » **dar/emitir um recibo** – to give a *receipt*; » **passar um recibo** – to write out a *receipt*; » **pedir/solicitar um recibo** – to ask for a *receipt*. *vt.* ***documento***.

reclamação *s.f.* | ***complaint*** *s.*

1. The after sales department deals with customer *complaints.* ▶ *O departamento de atendimento ao consumidor lida com as reclamações dos clientes.* » **fazer**

uma reclamação – to make a *complaint*; » **apresentar uma reclamação** – to lodge/file a *complaint*. □ queixa.

reembolso[1] *s.m.* | ***refund*** *s.*

Quantia em dinheiro que é devolvida se alguém não estiver satisfeito com o produto ou os serviços pagos. **1.** When I returned that defective fax machine to the store, I was given a full *refund*. ► *Quando devolvi a máquina de fax que estava com defeito, fui ressarcido integralmente.*

reembolso[2] *s.m.* | ***reimbursement*** *s.*

Devolução de dinheiro gasto por motivo de trabalho. **1.** You will have 50% *reimbursement* of expenses as soon as you are back from the Sales Conference. ► *Vocês terão um reembolso de 50% das despesas assim que voltarem da Conferência de Vendas.*

referência *s.f.* | ***reference*** *s.*

Relatório sobre a situação financeira e reputação comercial de uma empresa. **1.** Before doing business with the new supplier we need bank and trade *references*. ► *Antes de fazer negócio com o novo fornecedor, nós precisamos de referências bancárias e comerciais.* » **referência bancária** – bank *reference*; » **referência comercial** – trade *reference*.

reivindicação *s.f.* | ***claim*** *s.*

1. In case of a breach of contract, we have the right to make a *claim* for loss of earnings. ► *Em caso de quebra de contrato, nós temos o direito de fazer uma reivindicação por perdas e danos.* » **fazer uma reivindicação** – to make/submit a *claim*.

renda *s.f.* | ***income*** *s.*

1. The family *income* is just enough to pay the monthly expenses. ► *A renda da família é suficiente apenas para pagar as despesas mensais. vt.* ***imposto de renda***.

requisição *s.f.* | ***requisition*** *s.*

1. Have you got the *requisition* number for these items? ► *Você tem o número da requisição desses itens?*

rescisão *s.f.* | ***rescission*** *s.*

1. We have to consult the company's lawyer about the *rescission* of the contract with the engineering company which is building the new plant. ► *Temos que consultar o advogado da empresa sobre a rescisão do contrato com a empresa de engenharia que está construindo a nova fábrica.* ■ break of contract.

salário[1] *s.m.* | ***salary*** *s.*

Remuneração mensal paga pelo empregador ao empregado de forma regular, em restituição ao trabalho ou aos serviços prestados. **1.** The company is offering a starting *salary* of $ 1.500 per month for the post of executive secretary. ► *A empresa está oferecendo um salário inicial de $ 1.500 por mês para o cargo de secretária executiva.* » **aumentar o salário** – to raise/increase the *salary*; » **ganhar um salário** – to earn a *salary*; » **pagar o salário** – to pay the *salary*; » **receber o salário** – to receive the *salary*; » **reduzir o salário** – to cut/reduce the *salary*. □ ordenado. *vt.* ***contracheque***.

salário[2] *s.m.* | ***wage*** *s.*

Remuneração, geralmente semanal, paga pelo empregador ao empregado de acordo com o número de horas, dias ou semanas trabalhadas. **1.** The company pays an average hourly *wage* of $ 30. ► *A empresa paga em média $ 30 a hora.* » **aumentar o salário** – to raise/increase the *wage*; » **ganhar um salário** – to earn a *wage*; » **pagar o salário** – to pay the *wage*; » **receber o salário** – to receive the *wage*; » **reduzir o salário** – to cut/reduce the *wage*. *vt.* ***contracheque***.

salário mínimo *s.m.* | ***minimum wage*** *s.*

1. The *minimum wage* paid to Brazilian workers is too low compared to that paid in developed countries. ► *O salário mínimo pago a trabalhadores brasileiros é muito baixo comparado àquele pago em países desenvolvidos.*

seguro *s.m.* | ***insurance*** *s.*

1. The costs of transport *insurance* are included in the purchase price. ► *Os gastos com o seguro de transporte estão incluídos no preço de compra.* **» cancelar um seguro** – to cancel an *insurance*; **» estar protegido pelo seguro** – to be covered by an *insurance*; **» fazer um seguro** – to take out an *insurance*; **» fornecer um seguro** – to provide an *insurance*; **» renovar um seguro** – to renew an *insurance*. **+ seguro contra incêndio** – fire *insurance* policy; **seguro de vida** – life *insurance* policy. *vt.* ***companhia seguradora***.

seguro de exportação *s.m.* | ***export insurance*** *s.*

1. The *export insurance* covers 80% of the economic risk. ► *O seguro de exportação cobre 80% do risco econômico.*

solicitação *s.f.* | ***request*** *s.*

1. An extraordinary meeting can be called on *request*. ► *Uma reunião extraordinária poderá ser convocada mediante solicitação.* **» fazer uma solicitação** – to make/submit a *request*; **» rejeitar uma solicitação** – to refuse/reject a *request*.

talão de cheque *s.m.* | ***checkbook*** *s.*

1. The bank mailed the *checkbooks* this morning. ► *O banco enviou os talões de cheques pelo correio esta manhã.* **2.** The *checkbooks* are being sent to us every month by the bank so that we can make payments with. ► *Os talões de cheque estão sendo enviados para nós todos os meses pelo banco para que possamos fazer os pagamentos.* ▲ chequebook (BE). □ livro de cheques, talonário. *vt.* ***cheque***.

terceirização *s.f.* | ***outsourcing*** *s.*

1. The *outsourcing* of our production is increasing considerably due to a high demand. ► *A terceirização da nossa produção está aumentando consideravelmente devido à alta demanda.*

vaga *s.f.* | ***vacancy*** *s.*

1. We have a *vacancy* for a bilingual secretary. ► *Nós temos uma vaga para secretária bilíngüe.* » **preencher a vaga** – to fill the *vacancy*; » **ter uma vaga** – to have a *vacancy*. ■ opening.

vale *s.m.* | ***voucher*** *s.*

1. John Smith has been selected employee of the year 2005 and awarded with a one-thousand-dollar travel *voucher.* ► *John Smith foi eleito funcionário do ano em 2005 e premiado com um vale-viagem no valor de mil dólares.*

vale-refeição *s.m.* | ***meal ticket*** *s.*

1. Our company has been providing employees with *meal tickets* since last year. ► *A nossa empresa fornece vale-refeição aos funcionários desde o ano passado.* ▲ luncheon voucher (BE).

EXPRESSÕES DE TEMPO

a cada dois/três dias/semanas/meses | *every two/three days/weeks/months*

1. *Every two years,* our personnel manager interviews employees to evaluate their performance during that period. ► *A cada dois anos, nosso gerente encarregado do departamento pessoal entrevista funcionários para avaliar a atuação deles nesse período.*

a semana/mês/ano passado | *last week/month/year*

1. Some of the computers failed to work properly *last week,* so we had to call in a technician. ► *Alguns computadores apresentaram problemas a semana passada, então tivemos que chamar um técnico.*

a/o dia/semana/ano inteiro | *all day/week/year long*

1. The auditor will be in the company *all week long* inspecting the accounting. ► *O auditor ficará na empresa a semana toda inspecionando a contabilidade.*

agora | *now*

1. I am based at the head office in Curitiba *now.* ► *Eu estou sediado na matriz em Curitiba agora.*

amanhã | *tomorrow*

1. Your lecture is scheduled for *tomorrow* at 2 pm. ► *Sua palestra está agendada para amanhã às 14 horas.*

amanhã de manhã/tarde/noite | *tomorrow morning/afternoon/evening*

1. We're expecting a very important phone call from Curitiba *tomorrow morning.* ► *Estamos aguardando um telefonema muito importante de Curitiba amanhã cedo/de manhã.*

ano | *year*

1. There has been a 10% payrise this *year*. ► *Houve 10% de aumento nos salários este ano.*

anteontem | *the day before yesterday*

1. I emailed him *the day before yesterday*, but haven't had a reply yet. ► *Eu lhe enviei um e-mail anteontem, mas ainda não recebi uma resposta.*

anualmente | *yearly, annually*

1. From this date on, the conference will be held *yearly*. ► *A partir desta data, a conferência será realizada anualmente.*

às vezes | *sometimes, at times*

1. *Sometimes* the company's lawyer is requested to take part in our meetings in order to clear legal issues. ► *Às vezes, o advogado da empresa é solicitado a participar de nossas reuniões a fim de esclarecer questões legais.*

até o final da semana | *by the end of the week*

1. He will hand in the reports *by the end of the week*. ► *Ele entregará os relatórios até o final da semana.*

de manhã/tarde/noite | *in the morning/afternoon/evening/at night*

1. We will fax the price estimates to you first thing *in the morning*. ► *Nós lhe enviaremos um fax com os orçamentos logo de manhã.*

de vez em quando, ocasionalmente | *once in a while, every now and then*

1. *Once in a while* we are contacted by foreigners who are interested in investing in our country. ► *De vez em quando, somos contatados por estrangeiros interessados em investir em nosso país.*

dentro de duas/três semanas | *in two/three week's time, within two/three weeks*

1. I will have the report finished *in two week's time/within two weeks.* ► *Eu terminarei o relatório dentro de duas semanas.*

dentro de poucos dias | *in a few days*

1. We expect to finish the job *in a few days.* ► *Nós esperamos terminar o trabalho dentro de poucos dias.*

depois de amanhã | *the day after tomorrow*

1. We're traveling to Lisbon *the day after tomorrow.* ► *Viajaremos para Lisboa depois de amanhã.*

depois/antes do feriado | *after/before the holiday*

1. The new managing director will be in touch with you *after the holiday.* ► *O novo diretor executivo entrará em contato com vocês depois do feriado.*

dia | *day*

1. Today is Labor *Day.* ► *Hoje é o Dia do Trabalho.*

dia e noite | *day and night*

1. We will have to work *day and night* for the next months if we want to meet the deadlines. ► *Nós teremos que trabalhar dia e noite nos próximos meses se quisermos cumprir os prazos.*

diariamente | *daily*

1. The secretary has to check if all lights have been turned off *daily*, before leaving. ► *A secretária tem que checar diariamente se todas as luzes foram apagadas antes de ir embora.*

duas semanas atrás | *two weeks ago*

1. Two weeks ago I received a phone call about the opening for an executive secretary in our department. ► *Duas semanas atrás, eu recebi um telefonema sobre uma vaga para secretária executiva em nosso departamento.*

em breve | *shortly, soon*

1. Customers will be invited to visit the company's new facilities *soon.* ► *Os clientes serão convidados a visitar as novas instalações da empresa em breve.*

em dias/semanas/meses/anos alternados | *every other day/week/month/year*

1. The Sales Conference used to be held annually but now it takes place *every other year.* ► *A Conferência de Vendas costumava ocorrer anualmente, mas agora é realizada em anos alternados.*

em um futuro próximo | *in the near future*

1. At this rate, we will be able to open a new branch of the shop *in the near future.* ► *Neste ritmo, conseguiremos abrir uma nova filial da loja em um futuro próximo.*

hoje | *today*

1. I'm faxing to let you know that the parcel has arrived *today.* ► *Estou lhe enviando um fax para informar que o pacote chegou hoje.*

hoje à noite | *tonight, this evening*

1. We are holding a small party *tonight/this evening.* ► *Nós faremos uma pequena festa hoje à noite.*

hoje de manhã/à tarde | *this morning/afternoon*

1. Miss Smith, please cancel all my appointments for *this afternoon.* I'm taking the rest of the day off. ► *Sra. Smith, por favor cancele todos os meus compromissos de hoje à tarde. Eu vou tirar o resto do dia de folga.*

mensalmente | *monthly*

1. The company's branches based in the southern area are visited *monthly* by our managing director. ► *As filiais da empresa situadas na região sul são visitadas mensalmente por nosso diretor executivo.*

mês | *month*

1. The report must be handed in this *month.* ► *Os relatórios devem ser entregues este mês.*

na próxima semana/mês/ano | *next week/month/year*

1. The factory will be closed *next week*, during the Holiday Season. ► *A fábrica estará fechada na próxima semana, durante as festas de fim de ano.*

na/o quarta/dia/mês/semana seguinte | *the following Wednesday/day/month/week*

1. I am confirming the arrangements for your company's event on *the following Wednesday.* ► *Eu estou confirmando os preparativos para o evento de sua empresa na próxima quarta-feira.*

neste exato momento | *right now*

1. The human resources manager is interviewing some applicants *right now.* ► *O gerente de recursos humanos está entrevistando alguns candidatos neste exato momento.*

no começo/fim do mês | at the beginning/end of the month

1. We will receive confirmation of Mr Mello's arrival *at the end of the month.* ► *Nós receberemos a confirmação da chegada do Sr. Mello no fim do mês.*

no dia seguinte | *the day after*

1. Few people came to work *the day after* Carnival. ► *Poucas pessoas vieram trabalhar no dia seguinte ao Carnaval.*

no final da manhã/tarde/noite | *late in the morning/ afternoon/evening/at night*

1. He'll call you back *late in the afternoon.* ▶ *Ele retornará a ligação no final da tarde.*

no início da manhã/tarde/noite | *early in the morning/ afternoon/evening*

1. We are having a farewell party *early in the evening* to celebrate the retirement of our sales manager. ▶ *Nós faremos uma festa de despedida no início da noite para comemorar a aposentadoria do nosso gerente de vendas.*

no momento | *at the moment*

1. *At the moment*, there are no openings in our company. ▶ *No momento, não há vagas em nossa empresa.*

ontem | *yesterday*

1. I'm sorry I couldn't attend the meeting *yesterday.* ▶ *Desculpe-me por não ter comparecido à reunião ontem.*

ontem de manhã/tarde/noite | *yesterday morning/afternoon/ evening*

1. The company' parking lot was absolutely crowded *yesterday morning.* ▶ *O estacionamento da empresa estava completamente lotado ontem de manhã.*

por dia | *per day, a day*

1. The bank will charge a 2% (two percent) interest rate *a day* if we delay payment. ▶ *O banco cobrará juros de 2% ao dia se atrasarmos o pagamento.*

qualquer dia/semana | *any day/week*

1. I can meet you *any day* this week to consider new lines of products. ▶ *Eu posso encontrá-lo qualquer dia desta semana para analisar novas linhas de produtos.*

semana | *week*

1. This *week* we are having a very important visitor to the company. ► *Esta semana receberemos um visitante muito importante na empresa.*

semanalmente | *weekly*

1. Our cleaning staff is paid *weekly.* ► *Nossos funcionários da limpeza são pagos semanalmente.*

todo dia | *every day*

1. I have to check my email box *every day.* ► *Tenho que verificar minha caixa de e-mails todo dia.*

uma quinzena | *a fortnight*

1. Every *fortnight*, a new shipment of electronic equipment arrives at the company' head office. ► *A cada quinze dias, uma nova remessa de equipamento eletrônico chega na sede da empresa.*

INCOTERMOS

incotermos (termos comerciais internacionais) | *incoterms (international commercial terms)*

Conjunto de termos estabelecidos pela Câmara Internacional do Comércio (International Chamber of Commerce/ICC) usados, por exportadores e transportadores, em contratos de comércio internacional que dizem respeito às condições de transporte e custo do seguro, deixando claro quais são as obrigações e responsabilidades do vendedor e do comprador. **1.** The *incoterms* are used in international trade contracts by exporters and forwarders in the shipment of goods. ▶ *Os incotermos são usados em contratos comerciais internacionais pelos exportadores e transportadores na expedição de mercadorias.* ✚ Os incotermos geralmente são usados na sua forma original, ou seja, em inglês. Portanto, eles virão acompanhados somente da definição, sem o termo equivalente em português.

carriage and insurance paid [CIP]

Condição de venda na qual o vendedor paga para a mercadoria ser transportada até um determinado lugar e é responsável pelo seguro até esse local. ■ freight and insurance paid.

carriage paid [DCP] ou [CP]

Condição de venda na qual o vendedor paga para que a mercadoria seja transportada até um determinado lugar. O comprador é responsável pelo seguro da mercadoria logo após ela ter sido entregue na transportadora. ■ freight paid.

cost and freight [C&F]

Condição de venda na qual o vendedor paga pelo carregamento e transporte da mercadoria até um lugar determinado e o comprador arca com os custos do seguro depois de carregada a mercadoria até o destino.

cost, insurance, freight [CIF] ou [cif]

Condição na qual o custo total da venda inclui seguro e frete pagos pelo vendedor. ■ cost, freight, insurance [CFI].

delivered at frontier [DAF]

Condição de venda na qual o vendedor paga pela mercadoria transportada, normalmente por rodovia ou ferrovia até a fronteira do país do comprador, e é responsável pelo seguro até esse ponto.

delivered duty paid [DDP]

Condição de venda na qual o vendedor paga para a mercadoria ser entregue ao comprador, é responsável pelo seguro durante o transporte e arca com todos os impostos.

ex quay [EXQ]

Condição de venda na qual o vendedor é responsável pelo desembarque da mercadoria do navio em um determinado porto, coloca-a à disposição do comprador, mas não se responsabiliza pelo transporte a partir daí. ■ ex doc, ex wharf.

ex ship [EXS] ou [x shp]

Condição de venda na qual o vendedor é responsável pelo embarque da mercadoria no navio em um determinado porto, e o comprador é responsável pelo desembarque e transporte até o local desejado.

ex works [EXW] ou [x wks]

Condição de venda na qual o vendedor disponibiliza a mercadoria na fábrica e o comprador é responsável pelo transporte dessa mercadoria até o local desejado. ■ ex factory.

free alongside ship [FAS]

Condição de venda na qual o vendedor é responsável pelo transporte da mercadoria até o porto para exportação e por qualquer perda ou dano até o momento do embarque no navio.

free carrier [FRC]

Condição de venda na qual o vendedor é responsável pelo transporte da mercadoria até um determinado lugar onde será entregue ao comprador ou para alguém autorizado pelo comprador (por exemplo uma empresa de transporte).

free on board [FOB] ou [f.o.b.]

Condição de venda na qual o vendedor paga pelo transporte da mercadoria até o porto e embarque da mesma no navio para exportação.

free on board airport [FOB airport]

Semelhante ao *free on board*, nessa condição de venda o vendedor é responsável pelo seguro da mercadoria até ser entregue à transportadora em um determinado aeroporto.

free on rail [FOR]/***free on truck*** [FOT]

Condição de venda na qual o vendedor paga pelo transporte da mercadoria até o lugar onde ela será embarcada em um vagão de trem ou caminhão que a levará para o comprador.

MATERIAIS DE ESCRITÓRIO

adesivo para mensagem *s.m.* | ***post-it*** *s.*

1. There are some comments on a *post-it* stuck to the front of the report that we have to consider. ► *Há alguns comentários no adesivo colado no relatório, que nós temos que levar em consideração.* ▲ self-stick notes (BE). ■ sticky-notes. **+** O termo *post-it* é a marca registrada de um adesivo para mensagem que passou a ser utilizado para designar o mesmo.

agenda *s.f.* | ***appointment book*** *s.*

1. Just a moment, please. I need to note the date of the conference down in my *appointment book* or I'll forget it. ► *Um momento, por favor. Eu preciso anotar a data da conferência na minha agenda senão eu esqueço.* ▲ diary (BE); calendar (AE); organizer (AE). □ diário. *vt.* ***agenda eletrônica***, ***compromisso***.

agenda eletrônica *s.f.* | ***(electronic) personal organizer*** *s.*

1. A *personal organizer* is an essential device used by executives to schedule their appointments. ► A agenda eletrônica é um instrumento essencial usado pelos executivos para anotar os seus compromissos. *vt.* ***agenda***.

álbum seriado *s.m.* | ***flip-chart*** *s.*

1. The chairman will use the *flip-chart* to present the sales figures expected for next semester. ► *O presidente usará o flip-chart para apresentar a expectativa de vendas para o próximo semestre.* **2.** I'll request the organizer to equip the conference rooms with the following facilities: overhead projector, *flip-chart*, video and tape recorder. ► *Vou pedir para o organizador equipar as salas de conferência com os seguintes aparelhos: retroprojetor, flip-chart, videocassete e gravador.* **» escrever em um álbum seriado** – to write on a *flip-chart*; **» usar um álbum seriado** – to use a *flip-chart*. **+** O termo *flip-chart* também é muito utilizado em português.

alto-falante *s.m.* | ***loudspeaker*** *s.*

1. We heard the assembly call through the *loudspeakers*. ► *Nós ouvimos a convocação para a assembléia através dos alto-falantes.* **2.** Can you see if the *loudspeakers* are installed? ► *Você pode verificar se os alto-falantes estão instalados?*

aparelho de fax *s.m.* | ***fax (machine)*** *s.*

1. Mrs Fiori's office is equipped with a PC, a *fax* and a photocopier. ► *O escritório da Sra. Fiori está equipado com um computador, um aparelho de fax e uma fotocopiadora.* **2.** The head office may be having problems with their *fax machine*, that's why I didn't fax the documents yet. ► *A matriz deve estar tendo problemas com o fax, é por isso que eu ainda não enviei o fax dos documentos. vt.* ***fax.***

apontador (de lápis) *s.m.* | ***(pencil) sharpener*** *s.*

1. Could you lend me your *sharpener*? I need to sharpen my pencil. It is blunt. ► *Poderia me emprestar o apontador? Eu preciso apontar o meu lápis. Ele está sem ponta.*

arquivo[1] *s.m.* | ***file*** *s.*

Lugar, caixa ou pasta, onde se guarda documentos, cartas e papéis com informações importantes. **1.** The minutes of all meetings are kept in a specific *file*. ► *As atas das reuniões são guardadas em um arquivo específico.* » **guardar (um documento) no arquivo** – to keep (a document) in a *file*.

arquivo[2] *s.m.* | ***file*** *s.*

Conjunto de documentos ou informações sobre uma pessoa ou assunto que é guardado por uma empresa em um arquivo. **1.** Our company keeps a separate *file* on every customer. ► *A nossa empresa possui um arquivo separado para cada cliente.* » **consultar um arquivo** – to refer to/consult/check a *file*.

arquivo[3] *s.m.* | ***file*** *s.*

Conjunto de informações armazenado em um computador identificado por nome. **1.** We need to update the *file* marked "customers' address". ► *Nós precisamos atualizar o arquivo "endereço dos clientes".* » **abrir um arquivo** – to open a *file*; » **atualizar um arquivo** – to update a *file*; » **criar um arquivo** – to create a *file*; » **fechar um arquivo** – to close a *file*; » **dar nome a um arquivo** – to name a *file*; » **salvar um arquivo em disquete** – to save a *file* to disk.

arquivo (mobília) *s.m.* | ***file cabinet*** *s.*

1. The secretary keeps the important documents in the top drawer of the *file cabinet.* ► *A secretária guarda os documentos importantes na gaveta superior do arquivo.* ▲ filing cabinet (BE).

arquivo (tipo maleta) *s.m.* | ***carry file*** *s.*

1. Put all the documents in the *carry file* and take them to the head office. ► *Coloque todos os documentos no arquivo e leve-os para a matriz.*

arquivo morto *s.m.* | ***dead file*** *s.*

1. From time to time, it is necessary to weed out old files and keep them in a *dead file* for a certain period of time. ► *De tempos em tempos, é necessário eliminar arquivos velhos e guardá-los em um arquivo morto por um certo período.*

bandeja para correspondência *s.f.* | ***filing tray*** *s.*

1. The documents were piled into the *filing tray* on the managing director's desk to be analysed. ► *Os documentos foram colocados na bandeja sobre a mesa do diretor executivo para serem analisados.* ✚ Geralmente existem duas bandejas: *in-tray,* usada para a correspondência que chega e será lida e analisada, e *out-tray,* usada para a correspondência que será despachada ou arquivada. □ porta-documentos. ■ letter tray, office tray.

bloco (de papel) *s.m.* | ***pad (of paper)*** *s.*

1. You should always have a pen and a *pad (of paper)* by the phone for writing down messages on. ► *Você deveria sempre ter uma caneta e um bloco de papel perto do telefone para anotar os recados.* □ bloco de recado, bloco de anotações. ■ message pad/form, note pad.

borracha *s.f.* | ***eraser*** *s.*

1. Write the draft in pencil so that you can use the *eraser* whenever you make mistakes. ► *Escreva o rascunho a lápis para que você possa usar a borracha toda vez que errar.* ▲ rubber (BE).

caixa de som *s.f.* | ***speaker*** *s.*

1. As sound equipment we will need a microphone and *speakers.* ► *Como equipamento de som nós precisaremos de um microfone e caixas de som.* **2.** Add two more *speakers* in the conference room, please. ► *Acrescente mais duas caixas de som na sala de conferência, por favor.*

caixa para arquivo *s.f.* | ***storage file box*** *s.*

1. You will find all the documents concerning the company's joint-venture transaction in the *storage file box.* ► *Você irá encontrar todos os documentos relativos à transação de joint-venture da companhia na caixa para arquivo.*

calculadora *s.f.* | ***calculator*** *s.*

1. The sales manager used a *calculator* to add up the sales figures. ► *O gerente de vendas usou uma calculadora para verificar os números resultantes das vendas.* **» usar uma calculadora** – to use a *calculator.* □ máquina de calcular. ■ calculating machine, adding machine.

calendário *s.m.* | ***calendar*** *s.*

1. You should look at the *calendar* before setting a new date for the meeting, because I'll be out on November 22. ► *Você precisa consultar o calendário antes de estabelecer uma nova data para a reunião, pois eu estarei fora no dia 22 de novembro.*

câmera digital *s.f.* | ***digital camera*** *s.*

1. Nowadays *digital cameras* are much more used than the traditional ones because of the high resolution of their images. ► *Atualmente as câmeras digitais são muito mais utilizadas do que as tradicionais por causa da alta resolução de suas imagens.*

caneta *s.f.* | ***pen*** *s.*

1. We need to place an order of *pens* for the office. ► *Nós precisamos fazer um pedido de canetas para o escritório.* **2.** Could you lend me your *pen*, please? I need to sign this document. ► *Poderia me emprestar a sua caneta, por favor? Eu preciso assinar este documento.* **+ caneta tinteiro** – fountain *pen*; **caneta esferográfica** – ball-point *pen* (AE); biro (BE). *vt.* ***caneta para quadro branco***, ***caneta para retroprojetor***, ***marcador de texto***.

caneta para quadro branco *s.f.* | ***whiteboard marker*** *s.*

1. A *whiteboard marker* is being required in room 234 immediately. ► *Uma caneta para quadro branco está sendo solicitada na sala 234, imediatamente.* *vt.* ***caneta***, ***quadro branco***.

caneta para retroprojetor *s.f.* | ***marker* (*pen*)** *s.*

1. The speaker will need some green and red *marker pens* to prepare his overheads for the marketing conference. ► *O palestrante precisará de canetas de retroprojetor verdes e vermelhas para preparar as transparências para a conferência de marketing.* *vt.* ***caneta***.

cartão de identificação *s.m.* | ***ID card*** *s.*

1. All employees must present their *ID cards* at the gate. ► *Todos os funcionários têm que apresentar seu cartão de identificação no portão principal.* *vt.* ***crachá***.

cartão de ponto *s.m.* | ***time card*** *s.*

1. According to your *time card*, your salary will be reduced because you've been late on three days this week. ► *De acordo com o seu cartão de ponto, seu salário será descontado porque você chegou atrasado três vezes esta semana.* **» carimbar o cartão de ponto** – to stamp the *time card*; **» inserir o cartão de ponto** – to insert the *time card*; **» perfurar o cartão de ponto** – to punch the *time card.* ■ punch card. *vt.* ***relógio de ponto***.

cartão de visita comercial *s.m.* | **(business) card** *s.*

1. I'll give you my *(business) card* so that you can contact me when it suits you. ▶ *Eu vou te dar meu cartão para que você possa entrar em contato comigo quando for melhor para você.* **» distribuir um cartão de visita** – to hand out a *business card*; **» entregar um cartão de visita (para alguém)** – to give (someone) a *business card. vt.* ***crachá.***

cartão magnético *s.m.* | ***ATM card*** *s.*

1. I can get money out with my *ATM card* even if the bank's closed. ▶ *Eu posso sacar dinheiro com o meu cartão magnético mesmo se o banco estiver fechado.* **» emitir cartão magnético** – to issue an *ATM card*; **» bloquear/desbloquear cartão magnético** – to block/unblock an *ATM card.* ▲ cash card (BE). ■ banker's card, cheque card, check card, debit card. **+ caixa eletrônico** – automatic teller machine [ATM] (AE); cash dispenser machine [CDM]; cash machine/point (BE).

cartucho de impressora *s.m.* | ***ink cartridge*** *s.*

1. Could you please check in the store room if we have *ink cartrige* in stock? ▶ *Você poderia, por favor, verificar no almoxarifado se temos cartuchos de impressora em estoque? vt.* ***impressora.***

catálogo *s.m.* | ***catalog*** *s.* [cat.]

1. The sales manager asked me to confirm whether the prices in our *catalog* are still correct. ▶ *O gerente de vendas me pediu para confirmar se os preços listados no nosso catálogo ainda estão em vigor.* **2.** Please send us your *catalog* with your prices, sizes and colors for the items ordered. ▶ *Por favor envie-nos o seu catálogo com preços, tamanhos e cores para os itens solicitados.* **» enviar um catálogo (pelo correio)** – to mail a *catalog*; **» mandar um catálogo** – send out a *catalog*; **» produzir/fazer um catálogo** – to produce a *catalog.* ▲ catalogue (BE).

CD (disco compacto) *s.m.* | ***CD (compact disk)*** *s.* [CD]

1. I need a *CD* to store all our customer records and send them to the headquarters. ▶ *Eu preciso de um CD para armazenar todos os dados do nosso cliente e enviá-*

los para a matriz. » **salvar informação em um CD** – to save information on a *CD*; » **armazenar informação em um CD** – to store information on a *CD*. ▲ compact disc.

CD-ROM *s.m.* | ***CD-ROM*** *s.*

1. I need a *CD-ROM* to store all our customer records and send them to the headquarters. ► *Eu preciso de um CD-ROM para armazenar todos os dados do nosso cliente e enviá-los para a matriz.* » **ler um CD-ROM** – to read a *CD-ROM*.

cinzeiro *s.m.* | ***ashtray*** *s.*

1. You won't find any *ashtrays* in the meeting room because it's not allowed to smoke in there anymore. ► *Você não encontrará cinzeiros na sala de reunião porque não é mais permitido fumar lá dentro.*

clipe *s.m.* | ***paper clip*** *s.*

1. *Paper clips* are used in office work to organize papers. ► *Clipes são usados no escritório para organizar papéis.*

cofre *s.m.* | ***safe*** *s.*

1. These documents are confidential; keep them in the *safe*. ► *Estes documentos são confidenciais; guarde-os no cofre.* » **abrir o cofre** – to open the *safe*; » **fechar o cofre** – to close the *safe*; » **trancar o cofre** – to lock the *safe*.

cola *s.f.* | ***glue*** *s.*

1. Pass me the *glue*, please. I need it to stick these envelopes before forwarding them. ► *Passe-me a cola, por favor. Eu preciso colar estes envelopes antes de enviá-los.* » **passar cola** – to put glue on; to apply glue over/to.

computador *s.m.* | ***computer*** *s.* [PC]

1. We store all our customers information on the *computer*. ► *Nós colocamos no computador todas as informações sobre nossos clientes.* » **rodar um programa no**

computador – to run a program through a *computer*; » **usar um computador** – to operate/use a *computer*. + Quando acontece algum defeito no computador, utiliza-se o verbo *to go bug*. Ex. My *computer* went bug this morning. ▶ *Meu computador apresentou problemas hoje de manhã. vt.* ***impressora***, ***laptop***, ***scanner***.

corretivo *s.m.* | *liquid paper* *s.*

1. I always use *liquid paper* whenever I make a mistake. ▶ *Eu sempre uso corretivo quando cometo um erro.* ■ correction fluid.

crachá *s.m.* | *badge* *s.*

1. At the convention, we all had to wear *badges* with our names and positions on. ▶ *Na convenção todos nós tivemos que usar crachás com os nossos nomes e cargos.* » **usar um crachá** – to wear a *badge*. ■ visitor's card, visitor's badge. *vt.* ***cartão de identificação***, ***cartão de visita comercial***.

data show *s.m.* | *Computer Projection System* *s.* [CPS]

Aparelho utilizado para apresentações orais, que combina a função de um painel e um retroprojetor acoplado a um computador. **1.** If you want to improve your presentation we can provide a *Computer Projection System*. ▶ *Se você quiser melhorar a sua apresentação nós podemos fornecer um data show.* □ projetor multimídia. ■ multimedia computer system, multimedia projector, data projector. + O termo "data show" é mais utilizado que o termo projetor multimídia.

disquete *s.m.* | *floppy disk* *s.*

1. All the information on our former customers can be stored on *floppy disks*. ▶ *Todas as informações sobre nossos clientes antigos podem ser colocadas em disquete.* **2.** The secretary transferred the file sent by email to a *floppy disk*. ▶ *A secretária transferiu o arquivo enviado por e-mail para o disquete.* » **colocar/guardar/armazenar em disquete** – to store on a *floppy disk*; » **gravar em disquete** – to copy onto a *floppy disk*; » **inserir um disquete** – to insert a *floppy disk*; » **retirar um disquete** – to eject a *floppy disk*; » **usar um disquete** – to use a *floppy disk*. ■ floppy.

elástico *s.m.* | ***rubber band*** *s.*

1. The office boy put a *rubber band* around the invoices he was supposed to deliver to the accountant. ► *O office boy colocou um elástico em volta das faturas que ele deveria entregar ao contador.* ▲ elastic band (BE).

encarte *s.m.* | ***insert*** *s.*

Impresso contendo propaganda ou informação sobre um produto que é anexado solto entre as páginas de uma revista ou jornal. **1.** The marketing department is creating an *insert* advertising our new product. They want to include it in the local newspaper. ► *O departamento de marketing está criando um encarte para anunciar o nosso novo produto. Eles querem inseri-lo no jornal local.*

equipamento audiovisual *s.m.* | ***audiovisual equipment*** *s.*

1. Would it be possible to have *audiovisual equipment* in all meeting rooms? ► *Seria possível ter equipamento audiovisual em todas as salas de reuniões?* ■ audiovisual aids. □ recursos audiovisuais.

equipamento de som *s.m.* | ***sound equipment*** *s.*

1. For the meeting we will need a room that can accommodate 60 to 70 people with *sound equipment.* ► *Para a reunião nós precisaremos de uma sala que possa acomodar de sessenta a setenta pessoas e que tenha equipamento de som.*

escrivaninha *s.f.* | ***desk*** *s.*

1. Mr Ferreto has been working at his *desk* for hours. ► *O Sr. Ferreto está trabalhando em sua escrivaninha há horas.* □ mesa (de trabalho).

espátula para carta *s.f.* | ***letter opener*** *s.*

1. Could you pass me the *letter opener* so that I can open and sort out these letters? ► *Você poderia me passar a espátula para carta para que eu possa abrir e classificar a correspondência?* ▲ paper knife (BE).

etiqueta *s.f.* | ***tag*** *s.*

1. Put address *tags* on each box, please. ► *Coloque etiquetas de endereço em cada caixa, por favor.* **2.** Make sure the *tags* on the envelopes are correctly addressed. ► *Certifique-se de que as etiquetas nos envelopes estão endereçadas corretamente.* ▲ label (BE). □ rótulo.

extrator de grampos *s.m.* | ***staple remover*** *s.*

1. Can you get me a *staple remover* to unfasten these sheets of paper, please? ► *Você pode me arranjar um extrator de grampos para soltar estas folhas de papel, por favor?*

fax *s.m.* | ***fax*** *s.*

1. Could you send this *fax* for me, please? It's urgent. ► *Você poderia enviar este fax para mim, por favor? É urgente.* **2.** We are sending a *fax* with the details of the proposal. ► *Nós estamos enviando um fax com os detalhes da proposta.* » **enviar um fax** – to send a *fax*; » **passar fax** – to *fax*; » **receber um fax** – to get/receive a *fax*. *vt.* ***aparelho de fax***.

fichário *s.m.* | ***card index*** *s.*

1. The clients' addresses are usually kept on a *card index* system. ► *Os endereços dos clientes normalmente são guardados num sistema de fichário.* **2.** The *card index* system is being replaced for a computerized index. It's easier to be updated. ► *O sistema de fichário está sendo substituído por um fichário computadorizado. É mais fácil mantê-lo atualizado.*

fita adesiva *s.f.* | ***scotch tape*** *s.*

1. Have you got any *scotch tape*? I need to stick a note to Paul's desk. ► *Você tem fita adesiva? Eu preciso colar um recado na mesa do Paul.* ▲ sellotape (BE). □ durex. **+ fita adesiva dupla face** – double-sided tape.

fita de vídeo *s.f.* | ***videotape*** *s.*

1. I suggest you to show the *videotape* with the statement of the president of the company about the strike in the assembly with the employees. ▶ *Sugiro que, na assembléia com os funcionários, você apresente a fita de vídeo com a declaração do presidente da companhia sobre a greve.* » **filmar em fita cassete** – to *videotape.* □ vídeo.

folha de papel *s.f.* | ***sheet of paper*** *s.*

1. She asked the applicants to put their personal data on a *sheet of paper.* ▶ *Ela solicitou aos candidatos que colocassem seus dados pessoais em uma folha de papel.* **2.** Get a *sheet of paper* and write your telephone number and address on. ▶ *Pegue uma folha de papel e escreva o seu endereço e número de telefone.*

folheto[1] *s.m.* | ***brochure*** *s.*

Espécie de pequena revista que contém gravuras e informações sobre um produto ou uma empresa. **1.** Please find enclosed our *brochure* detailing our new range of products. ▶ *Enviamos anexo um folheto com detalhes da nossa nova linha de produtos.*

folheto[2] *s.m.* | ***leaflet*** *s.*

Impresso, geralmente uma folha de papel dobrada, que dá informação sobre um produto, serviço ou evento com objetivo promocional. **1.** The *leaflet* gives information on the new secretarial post-graduate course. ▶ *O folheto traz informações sobre o novo curso de pós-graduação em secretariado.* □ prospecto, panfleto. **+** A palavra *folder,* que em inglês significa "pasta (de papéis)", é usada em português (estrangeirismo) com o mesmo sentido de *leaflet.*

formulário *s.m.* | ***form*** *s.*

1. All the applicants for the position of supervisor will have first to fill in the application *forms* and then hand them in at the front desk. ▶ *Todos os candidatos ao cargo de supervisor terão que primeiro preencher os formulários de* *inscrição e em seguida entregá-los na recepção.* » **preencher formulário** – to fill in/out/up a *form*; » **completar formulário** – to complete a *form*; » **assinar um formulário** – to sign a *form*; » **devolver um formulário** – to return a *form*. □ ficha.

fragmentadora *s.f.* | ***shredder*** *s.*

1. When you organize the filing cabinet, select the unimportant documents and put them through the *shredder*, its safer. ► *Quando você organizar o arquivo, selecione os documentos que não são importantes e coloque-os na fragmentadora, é mais seguro.* » **colocar (alguma coisa) na fragmentadora** – to put (something) through the *shredder*. □ retalhadora.

furador *s.m.* | ***hole punch(er)*** *s.*

1. Documents can be easily stored in a folder if you use a *hole puncher*. ► *Se você usar um furador, os documentos podem ser facilmente guardados dentro de uma pasta.*

gaveta *s.f.* | ***drawer*** *s.*

1. The envelope you're looking for is in the top *drawer* of my desk. ► *O envelope que você está procurando está na primeira gaveta da minha escrivaninha.*

grafite *s.m.* | ***lead*** *s.*

1. This mechanical pencil requires a 0.5 mm *lead*. ► *Esta lapiseira utiliza grafite de 0.5 mm.*

grampeador *s.m.* | ***stapler*** *s.*

1. We need a *stapler* to fasten these papers together before filing them. ► *Nós precisamos de um grampeador para prender estes papéis antes de arquivá-los.*

grampo *s.m.* | ***staple*** *s.*

1. The stapler has no *staples.* Don't forget to load/refill it before using it again. ▶ *Não tem grampos no grampeador. Não se esqueça de recarregá-lo antes de usá-lo novamente.*

gravador *s.m.* | ***recorder*** *s.*

1. Would it be possible for you to provide a tape *recorder* for each room? ▶ *Seria possível arranjar um gravador para cada sala?*

impressora *s.f.* | ***printer*** *s.*

1. There is a high demand for laser *printers.* ▶ *Há uma forte demanda por impressoras a laser. vt.* ***computador***, ***cartucho de impressora***.

interfone *s.m.* | ***intercom*** *s.*

1. As soon as the customers arrive, let me know on the *intercom*, please. ▶ *Assim que os clientes chegarem, me avise pelo interfone, por favor.* **2.** The secretary announced the shareholders' arrival over the *intercom.* ▶ *A secretária anunciou a chegada dos acionistas pelo interfone.* » **conversar através do interfone** – to talk on the *intercom*; » **anunciar pelo interfone** – to announce over the *intercom.*

lapiseira *s.f.* | ***mechanical pencil*** *s.*

1. The *mechanical pencil* is on my desk in the organizer, take it if you need it. ▶ *A lapiseira está na minha mesa, dentro do porta-objetos, pegue-a se precisar.*

laptop *s.m.* | ***laptop*** *s.*

1. Nowadays a *laptop* is an essential tool for businessmen. When they travel on business, they can work during the trip. ▶ *Hoje em dia um laptop é uma ferramenta essencial para os empresários. Quando eles viajam a negócio, podem trabalhar durante a viagem.* ■ notebook. *vt.* ***computador***.

livro ata *s.m.* | ***minute book*** *s.*

1. I have looked through the *minute book* from 1991 but can find no record of the proposal. ▶ *Eu examinei o livro ata de 1991 mas não encontrei nenhum registro da proposta. vt.* ***ata***.

livro de endereços *s.m.* | ***address book*** *s.*

1. Use the *address book* of all our stores to prepare the mailing about our annual meeting. ▶ *Use o livro de endereços de todas as nossas lojas para preparar a correspondência sobre nossa reunião anual.*

livro de presença *s.m.* | ***register book*** *s.*

1. Every participant of the meeting should sign the *register book*. ▶ *Todo participante da reunião deve assinar o livro de presença.* ■ attendance book. *vt.* ***reunião***.

luminária *s.f.* | ***desk lamp*** *s.*

1. Don't forget to turn your *desk lamp* off before leaving the room. ▶ *Não se esqueça de desligar a sua luminária antes de sair da sala.* » **acender a luminária** – turn on/switch on the *desk lamp*; » **apagar a luminária** – turn off/switch off the *desk lamp*. ■ table lamp.

luminária de garra *s.f.* | ***drafting lamp*** *s.*

1. The publicity department has placed an order for twenty new *drafting lamps*. ▶ *O departamento de publicidade fez um pedido de vinte novas luminárias de garras.*

máquina copiadora *s.f.* | ***xerox machine*** *s.*

1. The *xerox machine* needs to be repaired today. There is a lot of documents to be photocopied. ▶ *A máquina copiadora precisa ser consertada hoje. Há muitos documentos para serem fotocopiados.* □ máquina de xerox. ■ photocopier.

marcador de texto *s.m.* | ***highlighter*** *s.*

1. Use a *highlighter* whenever you read, it's easier to retrieve the most important information. ► *Use um marcador de texto toda vez que você ler, fica mais fácil recuperar as informações importantes. vt.* ***caneta***

material promocional *s.m.* | ***freebie*** *s.*

1. The *freebies* you required will be ready next week at the latest. ► *Os materiais promocionais que você pediu ficarão prontos na próxima semana o mais tardar.* ■ promotional material.

mesa para computador *s.f.* | ***computer desk*** *s.*

1. What's the model number of the *computer desk*? ► *Qual é o número do modelo da mesa para computador?*

microfone *s.m.* | ***microphone*** *s.*

1. As requested, we will provide a *microphone* and speakers for the afternoon. ► *Conforme requisitado, nós providenciaremos um microfone e caixas de som para o período da tarde.*

organizador de mesa *s.m.* | ***desk organizer*** *s.*

1. I put the pen back in your *desk organizer*. Thanks a lot. ► *Eu coloquei a caneta de volta no seu organizador de mesa. Muito obrigada.*

palmtop computer *s.m.* | ***palmtop (computer)*** *s.*

1. *Palmtops* have been increasingly adopted by business people because they are easy to carry around. ► *Palmtop computers têm sido cada vez mais adotados pelos executivos devido à facilidade de transportá-los.*

panfleto *s.m.* | ***flyer*** *s.*

1. It's very common to see people handing out *flyers* to passer-bys at fairs advertising their product. ► *É muito comum ver pessoas distribuindo panfletos de divulgação de seus produtos nas feiras.*

papéis distribuídos em um evento *s.m.pl.* | ***handouts*** *s.pl.*

1. You'll find further details on the course in the *handouts.* ► *Você encontrará maiores detalhes nos papéis que serão distribuídos.* **2.** I'm going to take extra *handouts* in case the audience is larger than expected. ► *Eu vou levar papéis extras para distribuir caso o público seja maior do que o esperado.*

papel *s.m.* | ***paper*** *s.*

1. We need 30 sheets of *paper* to print this document. ► *Nós precisamos de trinta folhas de papel para imprimir este documento.* **2.** The company ordered 20 reams of writing *paper.* ► *A empresa fez o pedido de vinte resmas de papel de carta.*

papel A4 *s.m.* | ***A4 paper*** *s.*

1. We only use *A4 paper* in our printer. ► *Nós usamos somente papel A4 em nossa impressora.*

papel contínuo *s.m.* | ***continuous paper*** *s.*

1. We are short of *continuous paper.* Could you bring some from the storage room? ► *O papel contínuo está acabando. Você poderia trazer mais do almoxarifado?* ▲ listing paper (BE). □ papel listagem, formulário contínuo.

papel timbrado *s.m.* | ***(printed) letterhead (paper)*** *s.*

1. Would you please print out the memo on *letterhead.* ► *Por favor imprima o memorando em papel timbrado.* **2.** All letters to clients must be printed on *letterhead paper.* ► *Todas as cartas para clientes têm que ser impressas em papel timbrado.* » **usar papel timbrado** – to use *letterhead paper.* ▲ headed paper (BE).

pasta[1] *s.f.* | ***folder*** *s.*

Recipiente que pode ser de plástico, cartolina ou papel grosso feito de forma que se possa guardar papéis, documentos etc. **1.** All the correspondence is in the *folder.* ► *Toda a correspondência está na pasta.* **2.** I need some presentation *folders* for the upcoming congress. ► *Eu preciso de algumas pastas para o próximo congresso. vt.* ***pasta*²**, ***pasta arquivo sanfonada***, ***pasta suspensa***.

pasta² *s.f.* | ***binder*** *s.*

Recipiente que pode ser de plástico, cartolina ou papel grosso com argolas de metal para guardar papéis, documentos etc. **1.** The process was filed in the L125 *binder.* ► *O processo foi arquivado na pasta L125.*

pasta arquivo sanfonada *s.f.* | ***accordion file*** *s.*

1. The *accordion file* is very useful to store documents for a period of time. ► *A pasta sanfonada é muito útil para arquivar documentos por um período de tempo.* ▲ concertina/expanding file (BE). *vt.* ***pasta*¹**.

pasta suspensa *s.f.* | ***hanging file*** *s.*

1. *Hanging files* are usually found in file cabinets to store documents. ► *Pastas suspensas são geralmente usadas em arquivos para armazenar documentos. vt.* ***pasta*¹**.

pincel atômico *s.m.* | ***marker (pen)*** *s.*

1. The lecturer will need a black *marker pen* and a flip-chart for his talk at the marketing conference. ► *O palestrante precisará de um pincel atômico preto e um álbum seriado para sua apresentação na conferência sobre marketing.*

ponteira a laser *s.f.* | ***laser pointer*** *s.*

Instrumento, no formato de uma caneta, que quando acionado projeta um feixe de luz sobre uma tela de projeção para apontar itens importantes durante uma apresentação. **1.** The speaker will need a *laser pointer* for the presentation. ► *O palestrante precisará de uma ponteira a laser para a apresentação.*

porta-lembretes *s.m.* | ***note holder*** *s.*

1. (On the phone) My boss left a message on my *note holder*. Could you read it for me, please? ► *(Ao telefone) Meu chefe deixou um recado para mim no porta-lembretes. Você poderia lê-lo para mim, por favor?*

prancheta[1] *s.f.* | ***clipboard*** *s.*

Pequena prancha com um prendedor na ponta para segurar papéis. Serve de suporte para quem quer escrever em pé ou em movimento. **1.** Take a *clipboard* while you show Mr Brown around the factory so that you can take notes of his comments. ► *Leve uma prancheta quando você estiver mostrando a fábrica ao Sr. Brown para que você possa anotar os comentários dele.* **» escrever em uma prancheta** – to write on a *clipboard*. **+ prancheta transparente** – see-thru *clipboard*.

prancheta[2] *s.f.* | ***drafting board*** *s.*

Mesa usada para desenhar. **1.** The engineer is sitting behind the *drafting board* designing the new plant building. ► *O engenheiro está sentado na prancheta projetando o novo prédio da fábrica.* □ mesa de desenho.

prateleira *s.f.* | ***shelf*** *s.*

1. New *shelves* should be installed in the storeroom in order to organize the office supplies. ► *Novas prateleiras precisam ser colocadas no almoxarifado para organizar os materiais de escritório.* **» colocar alguma coisa na prateleira** – to display/put something on the *shelf*; **» colocar de volta na prateleira** – to put something back on the *shelf*; **» repor objetos na prateleira** – to stack something on the *shelf*; **» tirar alguma coisa da prateleira** – to get/take something down from/off the *shelf*; **» retirar as coisas da prateleira** – to remove things from the *shelf*.

projetor de slides *s.m.* | ***slide projector*** *s.*

1. Would it be possible to arrange a *slide projector* for Mr Barns presentation? ► *Seria possível providenciar um projetor de slide para a apresentação do Sr. Barns?* ■ slide show. *vt.* ***slide***.

quadro branco *s.m.* | ***whiteboard*** *s.*

1. The room is equipped with a *whiteboard*, overhead projector, a TV set and VCR. ▶ *A sala está equipada com um quadro branco, um retroprojetor, um aparelho de TV e um videocassete. vt.* ***caneta para quadro branco***.

quadro de avisos *s.m.* | ***bulletin board*** *s.*

1. Put up a notice on the staff *bulletin board* announcing that next Monday is a holiday. ▶ *Coloque uma nota no quadro de avisos dos funcionários avisando que a próxima segunda-feira é feriado.* **2.** The trainees' names and telephone numbers are displayed on the company's *bulletin boards.* ▶ *Os nomes e telefones dos estagiários estão expostos no quadro de avisos da companhia.* ▲ noticeboard (BE). *vt.* ***aviso***.

recursos visuais *s.m.pl.* | ***visual aids*** *s.pl.*

1. They will bring their own *visual aids*, so we will not need to provide projectors, boards or screens. ▶ *Eles trarão seus próprios recursos visuais, portanto não precisaremos fornecer projetores, quadros ou telas.*

régua *s.f.* | ***ruler*** *s.*

1. The marketing staff suggested us to offer, as free gifts to our customers, *rulers* with the new year's calendar on. ▶ *A equipe de marketing sugeriu que oferecêssemos, como brinde a nossos clientes, réguas com o calendário do novo ano.*

relógio de ponto *s.m.* | ***time clock*** *s.*

1. Never forget to insert the card into the *time clock* when you arrive or leave your work. ▶ *Nunca esqueça de inserir o cartão no relógio de ponto quando você chegar ou sair do trabalho.* ■ time recorder. **+ marcar o ponto ao chegar no trabalho** – clock in (AE)/clock on (BE); **marcar o ponto ao sair do trabalho** – clock out (AE)/clock off (BE). *vt.* ***cartão de ponto***.

retroprojetor *s.m.* | ***overhead projector*** *s.* [OHP]

1. Will you be needing an *overhead (projector)* for the meeting tomorrow? ► *Você precisará de um retroprojetor para a reunião de amanhã? vt.* ***transparência***.

scanner *s.m.* | ***scanner*** *s.*

1. We need a *scanner* to copy all the important documents in order to store them onto the computer. ► *Nós precisamos de um scanner para copiar todos os documentos importantes e armazená-los no computador.* » **escanear um documento** – to scan a document. *vt.* ***computador***.

secretária eletrônica *s.f.* | ***answering machine*** *s.*

1. Mrs Chandler wasn't in her office so I left a message on her *answering machine.* ► *A Sra. Chandler não estava em seu escritório, por isso deixei um recado na secretária eletrônica.* » **deixar recado na secretária eletrônica** – to leave a message on the *anwering machine.* ▲ answerphone (BE).

sistema de som ambiente *s.m.* | ***sound surrounding system*** *s.*

1. The *surrounding sound system* from the modern theatres and the special effects are great. ► *O sistema de som ambiente dos teatros modernos e os efeitos especiais são ótimos.*

slide *s.m.* | ***slide*** *s.*

1. Mr Barns is going to use the *slides* from his visit to the headquarters in Italy to illustrate his presentation. ► *O Sr. Barns vai usar os slides de sua visita à matriz na Itália para ilustrar a apresentação. vt.* ***projetor de slides***.

suporte para fita adesiva *s.m.* | ***tape dispenser*** *s.*

1. The secretary is asking you to take her the *tape dispenser*. She needs to seal the documents up before forwarding them. ► *A secretária pediu que você levasse para ela o suporte para fita adesiva. Ela precisa lacrar os documentos antes de enviá-los.* □ aparelho para fita adesiva.

tabela demonstrativa *s.f.* | ***table*** *s.*

1. The sales figures of the last semester which will be used in the meeting are already arranged in a *table.* ► *Os números relacionados às vendas do último semestre e que serão utilizados na reunião já estão organizados em uma tabela demonstrativa.*

tachinha *s.f.* | ***thumbtack*** *s.*

1. The secretary used the *thumbtacks* to display the holiday list of the employees on the notice board. ► *A secretária utilizou as tachinhas para pregar a lista de férias dos funcionários no quadro de avisos.* ▲ drawing pin (BE). □ percevejo.

tampa de caneta *s.f.* | ***pen cap*** *s.*

1. I've lost my *pen cap*. Have you seen it anywhere? ► *Eu perdi a tampa da minha caneta. Você a viu em algum lugar?* ▲ pen lid (BE).

transparência *s.f.* | ***transparencies*** *s.pl.*

1. I've got to prepare the *transparencies* for my presentation at the marketing conference next month. ► *Eu tenho que preparar as transparências para a minha apresentação na conferência de marketing no próximo mês.* ■ overhead. *vt.* ***retro-projetor***.

vídeo institucional da empresa *s.m.* | ***company presentation video*** *s.*

1. In order to promote his company, the president of ICC started his talk with the *company presentation video.* ► *Para promover a sua empresa, o presidente da ICC iniciou sua palestra exibindo um vídeo institucional da empresa. vt.* **videocassete**.

videocassete *s.m.* | ***videocassete recorder*** *s.* [VCR]

1. The sales manager will need a *VCR* because he is going to play a promotional video for the participants of the conference. ► *O gerente de vendas precisará de um videocassete porque ele vai exibir um vídeo promocional para os participantes da conferência. vt.* **vídeo institucional da empresa**.

REUNIÕES

acordo *s.m.* | ***agreement*** *s.*

1. If both sides are in *agreement*, let's discuss the next item on the agenda. ► *Se ambas as partes estão de acordo, vamos discutir o próximo item da pauta.* » **chegar a um acordo** – to reach (an) *agreement*; » **estar de acordo** – to be in *agreement*. □ entendimento.

acordo mútuo *s.m.* | ***compromise*** *s.*

1. Representatives of each side rejected a *compromise* on salary raise. ► *Representantes de ambas as partes rejeitaram um acordo mútuo sobre o aumento de salário.* » **chegar a um acordo mútuo** – to agree on/to arrive at/to come to a *compromise*; » **rejeitar um acordo mútuo** – to reject a *compromise*; » **sugerir um acordo mútuo** – to suggest/offer a *compromise*.

algum outro assunto | ***any other business*** [AOB]

1. Is there *any other business* before we finish? ► *Algum outro assunto antes de encerrarmos?* **2.** Have we checked for *any other business (AOB)*? ► *Nós verificamos se havia algum outro assunto a ser discutido/em pauta?* + A sigla AOB é utilizada ao final da pauta de uma lista de tópicos a serem discutidos em uma reunião.

argumento *s.m.* | ***argument*** *s.*

1. We've been over the *arguments*. We now need to make a difficult decision. ► *Nós esgotamos os argumentos. Agora precisamos tomar uma decisão difícil.* » **apresentar um argumento** – to present/put forward an *argument*; » **analisar/estudar um argumento** – to consider an *argument*; » **aceitar um argumento** – to accept an *argument*; » **rejeitar um argumento** – to reject an *argument*.

assunto (que foi discutido na reunião anterior) *s.m.* | ***matters arising*** *s.*

1. Are there any *matters arising* from the last meeting? ► *Há algum assunto levantado na última reunião?*

ata *s.f.* | ***minutes*** *s.pl.*

1. Could you take the *minutes*, Ms Cilli? ▶ *Você poderia fazer a ata, Sra. Cilli?* **2.** The *minutes* of the last meeting were approved unanimously. ▶ *A ata da última reunião foi aprovada por unanimidade.* » **fazer a ata** – take/do/keep the *minutes*; » **lavrar em ata** – to draw up the *minutes*; » **redigir a ata** – to write up the *minutes*; » **aprovar a ata** – to approve the *minutes*; » **assinar a ata** – to sign the *minutes*; » **passar a ata (para as pessoas tomarem conhecimento)** – to circulate the *minutes*. *vt.* ***reunião***, ***livro ata***.

ata da reunião (pessoa responsável pela) *s.f.* | ***minute-taker*** *s.*

1. I need a quick-writing person to be the *minute-taker* at the meeting today. ▶ *Eu preciso de uma pessoa que escreva rápido para ser o responsável pela ata da reunião de hoje.*

ausência *s.f.* | ***absence*** *s.*

1. She has had a cut in salary due to her frequent *absences* from the meetings. ▶ *Ela teve um corte no salário devido às freqüentes ausências às reuniões.*

ausente *adj.* | ***absent*** *adj.*

1. John has been *absent* from the meeting. ▶ *John esteve ausente na reunião.* » **estar ausente** – to be *absent*; » **permanecer ausente** – to remain *absent*.

comparecimento *s.m.* | ***attendance*** *s.*

1. Call Mr Fiori and insist that his *attendance* at the meeting is important. ▶ *Telefone para o Sr. Fiori e diga a ele que seu comparecimento à reunião é muito importante.* **2.** Due to falling *attendances* we are going to change the day of our ordinary meeting. ▶ *Devido à diminuição no comparecimento nós vamos mudar o dia da reunião ordinária.* » **aumentar o comparecimento** – to boost/improve/increase *attendance*.

conclusão *s.f.* | ***conclusion*** *s.*

1. After hours discussing the company's environmental policy issue, they finally came to a *conclusion.* ► *Depois de horas discutindo a questão da política da empresa com relação ao meio ambiente, eles finalmente chegaram a uma conclusão.* **» chegar a uma conclusão** – to reach/come to a *conclusion.*

consenso *s.m.* | ***consensus*** *s.*

1. At the end of the meeting the participants arrived at a *consensus* and elected him the new sales manager. ► *Ao final da reunião os participantes chegaram a um consenso e o elegeram o novo gerente de vendas.* **» chegar a um consenso** – to reach/arrive at/achieve/a *consensus.* □ acordo.

coordenador da reunião *s.m.* | ***chairperson*** *s.*

1. They're going to appoint a new *chairperson* to conduct the meeting. ► *Eles indicarão um novo coordenador para conduzir a reunião.* ■ chairman, chairwoman.

decisão *s.f.* | ***decision*** *s.*

1. After hours discussing the same subject, they came to a *decision.* ► *Depois de horas discutindo o mesmo assunto, eles chegaram a uma decisão.* **» chegar a uma decisão** – to reach/come to a *decision*; **» tomar uma decisão** – to take/make a *decision.* □ resolução.

idéia *s.f.* | ***idea*** *s.*

1. I'd like to go round the table getting everyone's initial *ideas.* ► *Eu gostaria de pegar as idéias iniciais de todos que estão na mesa.* **» trocar idéia** – to exchange *idea*; **» ter uma idéia** – to have/come up with an *idea*; **» analisar/estudar uma idéia** – to consider an *idea*; **» dar/sugerir idéias** – to brainstorm *ideas*; **» discutir uma idéia** – to discuss an *idea.*

item *s.m.* | *item* *s.*

1. We didn't discuss *item* 4 on the agenda yet. ▶ *Nós ainda não discutimos o item 4 da pauta.* **» discutir um item** – to discuss an *item*; **» fechar/encerrar um item** – to close an *item*; **» dar início a um item** – to start an *item*. ■ point.

justificativa de (pessoas) ausentes *s.f.* | *apologies* *s.*

1. The secretary will start reading the *apologies* announcing people who are absent for some reason. ▶ *A secretária dará início à leitura das justificativas das pessoas que estão ausentes.*

opção *s.f.* | *option* *s.*

1. As personnel manager, I want to ensure that staff are properly informed of all the *options*. ▶ *Como gerente do departamento pessoal, eu quero assegurar que os funcionários sejam adequadamente informados de todas as opções.* **» ter uma opção** – to have an *option*.

participante *s.m.f.* | *participant* *s.*

1. All the *participants* had the chance to contribute with their ideas during the meeting. ▶ *Todos os participantes tiveram a chance de contribuir com suas idéias durante a reunião.* **2.** We need chairs and tables for 100 *participants* for the conference. ▶ *Nós precisamos de cadeiras e mesas para cem participantes da conferência.* ■ attendee.

pauta de reunião *s.f.* | *agenda* *s.*

1. We are going to start discussing item 2 on the *agenda*. ▶ *Nós vamos começar a discutir o item 2 da pauta.* **2.** The last item on the *agenda* is the election of the new chairperson. ▶ *O último item da pauta é a eleição do novo presidente da empresa.* **» concordar com a pauta** – to agree on the *agenda*; **» preparar a agenda** – to draw up/establish/set the *agenda*; **» cobrir a (cumprir todos os itens da) pauta** – to cover the *agenda*; **» seguir a pauta** – to follow the *agenda*; **» acrescentar algo à pauta** – to add something to the *agenda*; **» retirar algo que está**

em pauta – to take something off/leave something off/remove something from the *agenda*. *vt.* ***reunião***.

problema *s.m.* | *problem* *s.*

1. Now I'd like to deal with the falling sales *problem*. ► *Agora eu gostaria de tratar do problema da queda das vendas.* » **tratar de um problema** – to deal with a *problem*/to tackle a *problem*; » **discutir um problema** – to debate/to discuss a *problem*; » **examinar um problema** – to look at/into a *problem*; » **levantar um problema** – to raise a *problem*; » **resolver um problema** – to solve a *problem*.

proposta *s.f.* | *proposal* *s.*

1. All the participants of the meeting supported the *proposal* for a self-service cafeteria in the company. ► *Todos os participantes da reunião apoiaram a proposta de um restaurante self-service dentro da empresa.* » **discutir uma proposta** – to discuss/consider a *proposal*; » **fazer/apresentar uma proposta** – to make/to bring forward/submit a *proposal*; » **aceitar uma proposta** – to accept/back/support a *proposal*; » **rejeitar uma proposta** – to reject/vote against a *proposal*; » **retirar uma proposta (de pauta)** – to withdraw/drop a *proposal*. ■ motion.

questão[1] *s.f.* | *point* *s.*

Idéia, opinião que faz parte de uma discussão. **1.** Mr Fiori made some interesting *points* concerning the salary raise. ► *O Sr. Fiori levantou algumas questões interessantes com relação ao aumento de salário.* » **levantar uma questão** – to make/raise a *point*; » **concordar com uma questão** – to agree with a *point*; » **discutir uma questão** – to discusss a *point*.

questão[2] *s.f.* | *issue* *s.*

Assunto/problema a ser discutido. **1.** The sales figures *issue* needs urgent attention. ► *A questão relacionada às cifras de vendas precisa de atenção urgente.* » **levantar uma questão** – to raise an *issue*; » **lidar com/tratar de uma questão** – to address/consider/deal with an *issue*; » **discutir uma questão** – to debate/discuss an *issue*; » **examinar/estudar uma questão** – to look at/into an *issue*. ■ matter. □ assunto.

recomendação *s.f.* | *recommendation* *s.*

1. The headquarters made a *recommendation* for improving the quality of service. ► *A matriz fez uma recomendação para melhorar a qualidade do serviço.* » **fazer uma recomendação** – to make/come up with a *recommendation*; » **aceitar uma recomendação** – to approve/adopt/accept a *recommendation*; » **seguir uma recomendação** – to follow/carry out a *recommendation*.

relatório *s.m.* | *report* *s.*

1. We would like to have a *report* on this question. ► *Nós gostaríamos de receber um relatório sobre essa questão.* » **apresentar um relatório** – to present a *report*; » **fazer um relatório** – to make a *report*; » **emitir um relatório** – to issue a *report*.

resolução *s.f.* | *resolution* *s.*

1. The assembly voted for a *resolution* that will go into effect immediately. ► *A assembléia votou uma resolução que entrará em vigor imediatamente.* **2.** The purpose of the meeting is to propose a *resolution* canceling the nomination of the new sales director. ► *O objetivo da reunião é propor uma resolução cancelando a indicação do novo diretor de vendas.* » **adotar/aprovar uma resolução** – to adopt/agree/approve/pass a *resolution*; » **fazer uma resolução** – to make a *resolution*; » **notificar uma resolução** – to give notice of a *resolution*; » **propor/apresentar uma resolução** – to propose/put forward a *resolution*; » **votar em uma resolução** – to vote for a *resolution*.

resultado *s.m.* | *outcome* *s.*

1. It will be necessary a few days to estimate the *outcome* of the meeting. ► *Serão necessários alguns dias para avaliar o resultado da reunião.* □ efeito, conseqüência.

resumo *s.m.* | ***summary*** *s.*

1. Before we close, let me just make a *summary* of the main points. ► *Antes de encerrarmos, vou fazer um resumo das questões principais.* **» fazer um resumo** – to make a *summary.*

sugestão *s.f.* | ***suggestion*** *s.*

1. Some of the participants made a *suggestion* to launch the new product before Christmas. ► *Alguns dos participantes fizeram a sugestão de lançar o novo produto antes do Natal.* **» fazer uma sugestão** – to make/come up with/put forward a *suggestion*; **» aceitar uma sugestão** – to accept/take up a *suggestion*; **» analisar uma sugestão** – to consider a *suggestion.*

unânime *adj.* | ***unanimous*** *adj.*

1. We reached a *unanimous* decision on next year budget. ► *Nós chegamos a uma decisão unânime sobre o orçamento do próximo ano.*

votação *s.f.* | ***vote*** *s.*

1. The merger of the company was put to the *vote.* ► *A fusão da empresa foi submetida a/posta em votação.* **» submeter algo a/pôr algo em votação** – to take a *vote* on something/to put something to the *vote.*

votação secreta *s.f.* | ***secret ballot*** *s.*

1. The election of the new managing director was carried out by *secret ballot.* ► *A eleição do diretor executivo foi realizada por votação secreta.*

voto *s.m.* | ***vote*** *s.*

1. We had 5 *votes* against and 10 for the proposal. ► *Nós tivemos cinco votos contra e dez a favor da proposta.* **» votar** – to cast/hold/make a *vote*; **» ganhar/receber um voto** – to get/gain/obtain/receive a *vote.*

voto de desempate *s.m.* | ***casting vote*** *s.*

1. The chairman's *casting vote* was against the proposal. ► *O voto de desempate do presidente da reunião foi contra a proposta.* **» dar um voto de desempate** – give a *casting vote*; **» usar um voto de desempate** – use a *casting vote.* □ voto de minerva.

voto por aclamação (por meio de um levantar de mãos) *s.m.* | ***a show of hands*** *s.*

1. She was re-elected unanimously on *a show of hands.* ► *Ela foi reeleita por unanimidade por aclamação de todos os participantes.*

voto por procuração *s.m.* | ***proxy vote*** *s.*

1. The result was 25% of the *proxy votes* from the shareholders for a new branch in New York. ► *O resultado foi 25% de votos por procuração dos acionistas a favor de uma nova filial em Nova York.*

TIPOS DE REUNIÃO

almoço de negócios *s.m.* | ***business lunch*** *s.*

1. I've had some *business lunches* with him. ► *Eu tive alguns almoços de negócios com ele.* **2.** That new Japanese restaurant is a nice quiet place for a *business lunch.* ► *Aquele novo restaurante japonês é um lugar agradável e calmo para um almoço de negócios.* **» preparar um almoço de negócios** – to prepare a *business lunch*; **» agendar um almoço de negócios** – to book a *business lunch*; **» sair para um almoço de negócios** – to go out to/for a *business lunch*; **» ter um almoço de negócios** – to have a *business lunch. vt.* ***reunião, reunião de negócios, jantar de negócios.*** ■ power lunch.

brainstorming *s.m.* | ***brainstorming*** *s.*

Técnica de reunião em que os participantes, normalmente de diferentes especialidades, expõem livremente suas idéias em busca de solução criativa para um dado problema. **1.** Executives held a *brainstorming* involving the sales force, editors, and others. ► *Os executivos realizaram um brainstorming envolvendo o pessoal de vendas, editores e outros.* » **agendar um brainstorming** – to arrange a *brainstorming*; » **organizar um brainstorming** – to organize a *brainstorming*; » **realizar um brainstorming** – to hold a *brainstorming*. + A palavra também pode vir na posição de adjetivo, por exemplo: *brainstorming* meeting; *brainstorming* session. *vt.* ***reunião***.

jantar de negócios *s.m.* | ***business dinner*** *s.*

1. You have to get used to two or three *business dinner* appointments with clients, staff and managers during the week. ► *Você tem de se acostumar a dois ou três jantares de negócios com clientes, funcionários e gerentes durante a semana. vt.* ***reunião***, ***reunião de negócios***, ***almoço de negócios***.

reunião *s.f.* | ***meeting*** *s.* [mtg]

1. At the beginning of the *meeting* there was an explanation about the incident the company was involved in. ► *No começo da reunião houve uma explicação sobre o incidente no qual a companhia foi envolvida.* » **agendar uma reunião** – to arrange/schedule a *meeting*; » **convocar uma reunião** – to call/convene a *meeting*; » **cancelar a reunião** – to cancel/call off/put off a *meeting*; » **interromper (por um período curto) uma reunião** – to adjourn a *meeting*; » **participar da reunião** – to attend a *meeting*; » **presidir uma reunião** – to chair a *meeting*; » **realizar uma reunião** – to hold a *meeting*; » **transferir, adiar a reunião** – to postpone a *meeting*; » **acertar uma data/hora/lugar para reunião** – to fix a date for the *meeting*; » **encerrar uma reunião** – to close the *meeting*/to declare the *meeting* closed. *vt.* ***assembléia***, ***assembléia geral anual***, ***assembléia geral extraordinária***, ***ata***, ***brainstorming***, ***conferência***, ***congresso***, ***convenção***, ***livro de presença***, ***pauta de reunião***, ***sala de reunião***, ***teleconferência***, ***videoconferência***, ***workshop***.

reunião (informal) *s.f.* | ***get-together*** *s.*

1. We are preparing our annual *get-together* to celebrate the end of the year. ► *Nós estamos preparando a nossa reunião(informal) para comemorar o fim do ano.*

reunião da diretoria *s.f.* | ***board meeting*** *s.*

1. The takeover will be discussed at the next *board meeting.* ▶ *A encampação da empresa será discutida na próxima reunião de diretoria.* **» agendar uma reunião de diretoria** – to arrange a *board meeting*; **» presidir uma reunião de diretoria** – to chair/conduct a *board meeting*; **» realizar uma reunião de negócios** – to hold a *board meeting.*

reunião de funcionários *s.f.* | ***staff meeting*** *s.*

1. The manager is attending a *staff meeting* and won't be able to see you this afternoon. ▶ *O gerente está em uma reunião de funcionários e não poderá atendê-lo esta tarde.*

reunião de negócios *s.f.* | ***business meeting*** *s.*

1. There's an important *business meeting* after lunch. ▶ *Há uma reunião de negócios importante depois do almoço.* **2.** Some *business meetings* are much too long. ▶ *Algumas reuniões de negócios são muito longas.* **» ir a uma reunião de negócios** – to go to a *business meeting*; **» participar de uma reunião de negócios** – to attend a *business meeting*; **» realizar uma reunião de negócios** – to hold a *business meeting. vt.* ***almoço de negócios***, ***jantar de negócios***.

reunião de planejamento *s.f.* | ***planning meeting*** *s.*

1. We are having a *planning meeting* next Wednesday at 10 o'clock to discuss the arrangements for the conference. ▶ *Nós teremos uma reunião de planejamento na próxima quarta às 10 horas a fim de discutir os preparativos para a conferência.* **2.** We are holding a *planning meeting* at 2 this afternoon, important decisions have to be made before concluding the new project. ▶ *Nós teremos uma reunião importante às duas horas desta tarde, decisões importantes terão que ser tomadas antes de concluirmos o projeto.*

reunião em pequenos grupos de discussão *s.f.* | ***break-out meeting*** *s.*

1. Could you please have three additional rooms available for *break-out meetings*? ► *Você poderia providenciar três salas extras para reunião em pequenos grupos de discussão?*

reunião inicial (primeira reunião do ano) *s.f.* | ***kick off meeting*** *s.*

1. The company's *kick off meeting* will be held in Búzios this year. ► *A primeira reunião do ano da empresa será realizada em Búzios este ano.*

reunião por telefone *s.f.* | ***conference call*** *s.*

1. The manager has decided to hold a *conference call* immediately to expedite the discussions on the new market strategies. ► *O gerente decidiu fazer uma reunião por telefone imediatamente a fim de agilizar as discussões sobre as novas estratégias de mercado.*

FRASES MAIS USADAS EM UMA REUNIÃO

adiando | *postponing*

Posso retomar isso mais tarde? ► Can I come back to that later?; *Vamos deixar isso para a semana que vem* ► Let's leave that for next week; *Podemos pular o próximo item?* ► Shall we skip the next item?; *Eu sugiro discutirmos isso na próxima reunião* ► I suggest we take that up at another meeting.

calculando o tempo | *timing*

Isto deverá levar aproximadamente (duas horas) ► This should take about (two hours); *A reunião está prevista para terminar às...* ► The meeting is due to finish at...; *Temos pouco tempo, por isso peço-lhe(s) que seja(m) breve(s)* ► We're short of time, so can I ask you to be brief?; *Eu gostaria de limitar o tempo em dez minutos para cada item, do contrário não cumpriremos a pauta* ▶ I'd like to keep each item to ten minutes, otherwise we'll never get through; *Eu gostaria de encerrar às três horas* ▶ I would like to aim for a three o'clock finish; *Eu gostaria de encerrar até às quatro* ▶ I would like to finish by four o'clock.

chegando ao fim da reunião | *coming to the end of a meeting*

Parece/Acho que abordamos os pontos principais ▶ It looks as though/I guess we've covered the main areas/points; *Resumindo…* ▶ To sum up...; *Há mais alguma coisa que vocês queiram discutir?* ▶ Is there anything else/more you want to discuss?; *Há algum outro assunto?* ▶ Is there any other business?; *Antes de concluirmos, permitam-me fazer um resumo dos pontos principais* ▶ Before we close/finish, let me just summarize the main points; *Posso apenas repassar os ponto principais?* ▶ Shall I just go over the main points?; *Infelizmente teremos que terminar aqui* ▶ I'm afraid we'll have to finish here; *Eu declaro a reunião encerrada* ▶ I declare the meeting closed.

comentando opiniões | *commenting on opinions*

Esta é uma boa/excelente idéia ▶ That's a good idea/an excellent idea; *Isto é interessante* ▶ That's interesting; *Tenho certeza que todos nós concordaríamos com isso* ▶ I'm sure we'd all agree with that; *Esta é uma colocação muito boa/importante* ▶ That's a very good point/an important point.

concluindo sua fala | *finishing what you want to say*

Deixe-me só terminar ▶ Just let me finish; *Eu vou voltar a esse assunto em instantes*; ▶ I'll come/get back to that in a moment; *Eu não concluí o que estava dizendo*; ▶ I haven't finished what I was saying; *Não, aguarde um momento…* ▶ No, wait a moment…; *Posso apenas concluir?* ▶ May I just finish?

concordando | *agreeing*

Eu concordo que… ▶ I agree that...; *Eu gostaria de concordar com você nesse aspecto* ▶ I would like to go along with you on that; *Sim, concordo com você*

▶ Yes, I'm with you on that; *Eu concordo plenamente com você* ▶ I'm a hundred per cent behind you/I entirely agree with you.

dando início à pauta | *setting the agenda*

Como os senhores podem ver na pauta… ▶ As you'll see from the agenda…; *Os senhores já viram/tiveram acesso a uma cópia da pauta?* ▶ Have you all seen a copy of the agenda?; *Eu sugiro analisarmos este item primeiro/em seguida/por último* ▶ I suggest we take this item first/next/last; *Há três itens na pauta* ▶ There are three items on the agenda; *Há algum outro assunto?* ▶ Is there any other business?

dando início a uma reunião | *starting a meeting*

Podemos começar? ▶ Shall we begin?/Let's get started; *O primeiro item da pauta é...* ▶ The first item on the agenda is...; *O objetivo da reunião de hoje é...* ▶ The purpose/aim of today's meeting is to…; *Há vários itens na pauta* ▶ There are several items on the agenda; *Há algumas coisas que eu gostaria de analisar* ▶ There are a couple of things I'd like to look at; *Nós estamos nos reunindo hoje para...* ▶ We're meeting today to…; *O senhor gostaria de dar início?* ▶ Would you like to begin?

dando opinião | *giving opinion*

Eu tenho restrições quanto… ▶ I have reservations about...; *Eu não acho que…* ▶ I don't think...; *Eu acho que…* ▶ I think/believe/feel that...; *Na minha opinião, nós deveríamos...* ▶ In my opinion/In my view, we should...; *No meu ponto de vista...* ▶ From my point of view...

discordando | *disagreeing*

Desculpe-me, eu discordo… ▶ I'm sorry, I disagree...; *Eu concordo com você até certo ponto, mas...* ▶ I agree with you to some extent, but…; *Eu entendo a sua colocação, mas...* ▶ I take your point, but…; *Infelizmente eu não posso concordar* ▶ I'm afraid I can't agree; *Com o devido respeito, eu não posso concordar com a sua última colocação* ▶ With all due respect, I cannot agree with your last statement; *Eu discordo totalmente* ► I totally disagree/I couldn't agree less; *Eu não sou contra, mas...* ► I'm not against it, but…

enfocando idéias relevantes | *focusing on relevant ideas*

Estamos fugindo da questão ► We're missing the point/We're getting off the point; *Vamos retomar a questão principal* ► Let's get back to the main point.

esclarecendo idéias | *clarifying ideas*

Eu acho que não fui muito claro ► I don't think I quite made myself clear; *Não é bem isso que eu quis dizer* ► That's not quite what I meant; *Eu não entendo aonde você quer chegar* ► I don't see what you're getting at; *Não sei se entendo o que você quer dizer* ► I'm not sure what you mean; *Eu não entendo o que você está dizendo* ► I'm not sure what you are saying; *Não está claro o que você quer dizer* ► It's not clear what you mean; *Está claro?* ► Is that clear?; *Deixe-me esclarecer algo* ► Let me just clarify one thing; *Vocês entendem aonde quero chegar?* ► Do you all see what I'm getting at?; *Espero que esteja tudo claro*; ► I hope everything's clear.

evitando responsabilidade | *avoiding responsibility*

Eu não tenho todas as informações à mão… ► I don't have all the information to hand...; *Eu não posso fazer comentários sobre isso no momento/a esta altura...* ► I can't comment on that at this stage...

interrompendo | *interrupting*

Posso fazer uma colocação? ► Can I make a point here?; *Com licença, posso interromper?* ► Excuse me, may I interrupt?; *Só um momento* ► Just a moment; *Posso dizer algo?* ► Can I say something here?; *Desculpe-me interromper, mas…* ► Sorry to interrupt, but…

levantando uma questão/expressando uma opinião | *making a point*

Eu gostaria de salientar que... ► I would like to point out that…; *Na minha opinião...* ▶ In my opinion...; *Posso fazer uma observação aqui?* ▶ Can I make a point here?; *No meu ponto de vista...* ▶ From my point of view...

pedindo mais informações | *asking for more information*

Você poderia ser um pouco mais específico? ▶ Could you be a little more specific?; *Você poderia nos dar mais detalhes?* ▶ Could you give us further detail?; *Você poderia apenas explicar/esclarecer...?* ▶ Could you just explain/clarify...?

pedindo a opinião de alguém | *asking someone's opinion*

O que você acha? ▶ What do you think?; *Qual é a sua opinião?* ▶ What's your opinion?

solucionando problemas de tempo | *solving problems of time*

Nós temos muito pouco tempo ▶ We're rather short of time; *Infelizmente não temos mais tempo/o tempo está acabando* ▶ I'm afraid we're running out of time; *Nós teremos que nos dedicar a isso em outra ocasião* ▶ We'll have to attend to that another time; *Podemos deixar isto para...* ▶ Can we leave this to...

tomando a palavra | *taking the floor*

Será que eu posso interromper... ▶ If I could just come in here...; *Eu gostaria de retomar o item...* ▶ I'd like to go back to item...

TELEFONEMAS

aguardar (na linha) *v.* | ***to hold*** *v.*

1. Can you please *hold*? I'll check if he has already left the office. ► *A senhora pode por favor aguardar (na linha)? Eu vou verificar se ele já saiu do escritório.* ▲ to hold the line (BE). ■ to hold on, to hang on. » **colocar na espera** (até que a pessoa com quem se deseja falar esteja disponível) – to put on *hold*. Ex. Can I put you *on hold*? ► *Posso colocá-lo na espera.*

auxílio à lista *s.m.* | ***directory assistance*** *s.*

1. Look it up in the telephone directory or dial *directory assistance* when you are not sure about the telephone number. ► *Procure na lista telefônica ou disque auxílio à lista quando você não tiver certeza do número de telefone.* **2.** I don't know the new number. Shall I call *directory assistance*? ► Eu não sei o novo número. Devo ligar para o auxílio à lista? ▲ directory enquiries (BE).

bipe *s.m.* | ***pager*** *s.*

1. He's not in the office at the moment. But I can try to find him on the *pager*. ► *No momento ele não se encontra no escritório. Mas eu posso tentar localizá-lo no bipe.* ▲ beeper (BE).

cabine telefônica *s.f.* | ***telephone booth*** *s.*

1. Betty is in the *telephone booth* trying to call a taxi. ► *Betty está na cabine telefônica tentando chamar um táxi.* ▲ telephone box (BE).

cair a linha/ligação *v.* | ***to be/get cut off*** *v.*

1. I couldn't tell him about the strike because we got *cut off*. ► *Eu não o avisei sobre a greve porque caiu a linha.* **2.** If you are having a phone conversation and you are *cut off*, phone the operator. ► *Se você estiver falando ao telefone e cair a ligação, ligue para a telefonista.*

caixa postal de voz *s.f.* | ***voice mail system*** *s.*

1. Extension 8241 is not available at the moment. You may leave a message or transfer out to the *voice mail system*. ► *O ramal 8241 não está disponível no momento. O senhor pode deixar recado ou usar a caixa postal de voz.* ■ voice messaging.

código de área *s.m.* | ***area code*** *s.*

1. If you want to get through to our company, first you dial the server, then the *area code*, and after that our telephone number. ► *Se o senhor quiser entrar em contato conosco, primeiro disque o código da operadora, o código de área e depois o nosso telefone.* □ prefixo (de DDD – discagem direta à distância). ▲ dialing code (BE). + *International code* é o termo usado para designar o prefixo internacional e *national/country code* é o termo usado para se referir ao prefixo nacional.

conta telefônica *s.f.* | ***(tele)phone bill*** *s.*

1. The accountant has advised staff to limit the number of calls in order to reduce costs with the *telephone bill*. ► *O contador alertou os funcionários para que limitassem o número de telefonemas para que sejam reduzidos os gastos com a conta telefônica.*

desligar o telefone *v.* | ***to hang up*** *v.*

1. Put me through to the marketing manager before you hang up, please. ► *Passe-me para o gerente de marketing antes de desligar, por favor.*

discagem direta *s.f.* | ***direct dialing*** *s.*

1. Well, *direct dialing* normally works but if you'll hold on, I'll try to connect you. ► *Bem, discagem direta normalmente funciona mas se você aguardar, eu posso tentar te conectar.*

gancho telefônico *s.m.* | ***hook*** *s.*

1. He took the telephone off the *hook* so he wouldn't be disturbed. ► *Ele tirou o telefone do gancho para não ser incomodado.*

ligação a cobrar *s.f.* | ***collect call*** *s.*

1. I want to make a *collect call* to Brazil, please. ► *Eu quero fazer uma ligação a cobrar para o Brasil, por favor.* ▲ reverse charge call (BE).

ligação de negócios *s.f.* | ***business call*** *s.*

1. There is a *business call* on the other line, will you answer it now? ▶ *Tem uma ligação de negócios na outra linha, o senhor vai atender agora?*

ligação pessoal *s.f.* | ***personal call*** *s.*

1. Mr Ferrari has a mobile only for *personal calls.* ▶ *O Sr. Ferrari tem um celular só para ligações pessoais.*

ligação ruim *s.f.* | **bad line** *s.*

1. I'm afraid this is a very *bad line.* Can I ring you back? ▶ *A ligação está muito ruim. Posso te ligar de volta?* ■ bad connection.

ligação telefônica *s.f.* | ***[(tele)phone] call*** *s.*

1. Could you hold a minute, please? I have a *call* on another line. ▶ *O senhor pode aguardar um minuto, por favor? Eu tenho uma ligação na outra linha.* » **fazer uma ligação** – to make a *(phone) call*; to give a ring/*(phone) call*; » **retornar a ligação** – to call back; to return the *call*; » **passar/transferir a ligação** – to put through to; to connect to (AE); to connect with (BE); to transfer a *call* to. + **ligação internacional** – international *call*; **ligação interurbana** – long-distance *call*; **ligação gratuita** – toll-free number (AE); freephone number.

linha telefônica *s.f.* | ***line*** *s.*

1. It's difficult to talk to Mr Bonn on the phone, his *line* is always engaged. ▶ *É difícil falar com o Sr. Bonn ao telefone, a linha está sempre ocupada.* » **aguardar na linha** – to hold (AE); hold the *line* (BE); to hold on; to hang on.

lista telefônica *s.f.* | ***telephone directory*** *s.*

1. I couldn't find your number in the *telephone directory.* ▶ *Eu não consegui achar seu número na lista telefônica.* » **consultar a lista telefônica** – to consult/look up at/in the *telephone directory.* ■ phone book.

número de telefone *s.m.* | ***(tele)phone number*** *s.*

1. Please give me your *phone number* and I'll call you later. ▶ *Por favor, dê-me o seu número de telefone que eu ligo para o senhor mais tarde.* **2.** I'm sorry but he's not at his desk. If you give me your name and *number*, I'll ask him to call you back. ▶ *Desculpe-me mas ele não se encontra na mesa dele. Se o senhor deixar seu nome e número de telefone, eu pedirei a ele para lhe telefonar.* » **discar o número de telefone** – to dial the *(tele)phone number.*

ocupada (linha) *adj.* | ***busy*** *adj.*

1. I'm afraid the line is *busy* . Could you give me your number and I'll ask him to call you back? ▶ *Infelizmente a linha está ocupada. Você poderia deixar seu número e eu pedirei a ele para retornar a ligação?* ▲ engaged (BE). **+** A palavra *engaged*, assim como *busy*, também pode ser usada para dizer que uma pessoa está ocupada. Ex. She was *engaged* when I rang her. ▶ *Ela estava ocupada quando eu telefonei.*

operadora *s.f.* | ***server*** *s.*

1. When you don't use a good *server* for your international calls, your connection may take some time to be completed. ▶ *Quando você não usa uma boa operadora nas ligações internacionais, sua conexão pode demorar um pouco para ser completada.* □ provedor.

Páginas Amarelas *s.f.pl.* | ***Yellow Pages*** *s.pl.*

1. Sorry to bother you but I got this number in the *Yellow Pages.* ▶ *Desculpe-me por incomodá-lo mas eu encontrei este número nas Páginas Amarelas.*

pessoa que telefona *s.f.* | ***caller*** *s.*

1. *Callers* from outside must first telephone the switchboard of the company to be connected. ▶ *As pessoas de fora que telefonam devem primeiro entrar em contato com a central telefônica da companhia para serem atendidas.*

ramal *s.m.* | ***extension*** *s.* [x/xtn/extn]

1. I'll put you through to his *extension.* ▶ *Eu vou transferir sua ligação para o ramal dele.* **2.** Can you put me through to Mr Santos on *extension* 345, please? ▶ *Você pode me transferir para o Sr. Santos no ramal 345, por gentileza?*

recado *s.m.* | ***message*** *s.*

1. I'm afraid he's answering a call at the moment. Do you want to hold or leave a *message*? ▶ *Infelizmente ele está atendendo uma ligação no momento. O senhor quer aguardar ou deixar recado?* **2.** I got a *message* to call right after the meeting. ▶ *Recebi um recado para ligar logo após a reunião.* **3.** I'm afraid he's not in at the moment. Would you like to leave a *message*? ▶ *Infelizmente ele não está no momento. Gostaria de deixar recado?* » **deixar um recado** – to leave a *message*; » **receber recado** – to get a *message*; » **tomar nota de um recado** – to take a *message*; » **dar um recado** – to give a *message*; to pass on a *message*. + Ao atender o telefone, no ambiente de trabalho, algumas expressões-padrão, que correspondem em português à expressão "pois não", são bastante utilizadas. Ex. *May I help you?*; *How can I help you?*; *Can I help you?*

secretária eletrônica *s.f.* | ***answering machine*** *s.*

1. Please leave the *answering machine* on in case anyone calls. ▶ *Por favor, deixe a secretária eletrônica ligada para o caso de alguém ligar.* **2.** The sales representative wasn't in so I left a message on her *answering machine.* ▶ *A representante de vendas não estava então eu deixei um recado na secretária eletrônica.* ▲ answerphone (BE).

sinal (de discagem) *s.m.* | ***dial tone*** *s.*

1. When you pick up the telephone, you have to hear the *dial tone* before dialing the number you want. ▶ *Quando você pega o telefone, você tem que ouvir o sinal de discagem antes de ligar para o número desejado.* **2.** I tried to call our manager in São Paulo but there's no *dial tone.* ▶ *Eu tentei telefonar para o nosso gerente em São Paulo mas não há sinal de discagem.* ▲ dialling tone (BE).

sinal de ocupado *s.m.* | ***busy signal*** *s.*

1. I've been trying to contact our branch in Salvador all day long but I keep getting a *busy signal.* ► *Eu estou tentando entrar em contato com a filial de Salvador o dia todo, mas só dá sinal de ocupado.* ▲ engaged tone (BE).

telefonar *v.* | ***to call*** *v.*

1. I'll tell the managing director you *called* as soon as he comes in. ► *Eu direi ao diretor executivo que você ligou assim que ele chegar.* ▲ to (tele)phone; to ring (BE).

telefone *s.m.* | ***(tele)phone*** *s.*

1. I couldn't contact you yesterday because the *telephones* of your company were always engaged. ► *Eu não pude entrar em contato com os senhores ontem porque os telefones de sua empresa estavam sempre ocupados.* » **atender o telefone** – to answer the *telephone*; » **desligar o telephone** – to hang up/ring off the *telephone*; » **fazer/entrar em contato por telefone** – to get through to. ✚ Ao atender o telefone no ambiente de trabalho, algumas expressões-padrão, que correspondem em português à expressão "pois não", são bastante utilizadas. Ex. May I help you?; How can I help you?; Can I help you?

(telefone) celular *s.m.* | ***cell(ular) (phone)*** *s.*

1. Tell Martha to call Carlos on the *cellular.* ► *Diga para a Martha ligar para o Carlos no celular.* **2.** I tried to reach him on his *cellular* but it was off. ► *Eu tentei entrar em contato com ele pelo celular, mas estava desligado.* ▲ mobile (phone) (BE).

telefone de tecla *s.m.* | ***touch-tone phone*** *s.*

1. If you are calling from a *touch-tone phone*, you can select the department you want now or at any time during this call. ► *Se você está usando um telefone de tecla, você pode selecionar o departamento desejado agora ou a qualquer momento durante a chamada.*

telefone público *s.m.* | ***public telephone*** *s.*

1. The telephone is not working, but there is a *public telephone* just opposite the building that you can use. ► *O telefone não está funcionando, mas, em frente ao prédio, há um telefone público que você pode usar.* □ orelhão. ■ pay telephone, public call box. **+** Uma ligação de telefone público pode ser feita utilizando moedas (*a coin operated telephone*) ou um cartão de telefone (*a card phone*).

viva-voz *s.m.* | ***speaker phone*** *s.*

1. She put me on the *speaker phone* so that everybody in the room could hear me. ► *Ela me pôs no viva-voz para que todos na sala pudessem me ouvir.*

FRASES MAIS USADAS AO TELEFONE

anotando/deixando recado | *taking/leaving a message*

Quem está falando, por favor? ► Who's speaking, please?; *Qual o seu nome/nome da empresa, por favor?* ► What's your name/company name, please?/Could I have your name/company name, please?; *Poderia deixar seu nome, por favor?* ► Could you give me your name, please?; *Poderia soletrar seu nome , por favor?* ► Could you spell your name, please?; *Poderia repetir o número do seu telefone, por favor?* ► Would/Could you repeat your telephone number, please?; *Então é o Sr. Brown da Asia Motors* ► So that's Mr Brown from Asia Motors; *Deixe-me checar seu número – 325745879?* ► Let me check your number – 325745879?; *Poderia me dizer de onde você está telefonando, por favor?* ► Could you tell me where you're ringing from, please?; *OK, eu direi a ele que você ligou* ► Right, I'll tell him you called; *Você pode pedir a ele para me ligar quando ele chegar?* ► Would/Could you ask him to ring/call me back when he comes in?; *Desculpe-me mas ele não está na mesa dele. Se você me der seu nome e número, pedirei a ele para retornar a ligação* ► I'm sorry but he's not at his desk. If you give me your name and number, I'll ask him to call you back; *Desculpe-me, eu não entendi* ► Sorry, I didn't catch that; *Você terá notícias minhas amanhã o mais tardar* ► You'll be hearing from me by tomorrow at the latest; *Posso anotar um recado?* ▶ May/Can I take a message?; *Você gostaria que eu desse algum recado para ele?* ▶ Would you like me to give him a message?; *Você poderia dar um recado para ela?* ▶ Could you give her a message?; *Você gostaria de deixar um recado?* ▶ Would you like to leave a message?; *Você poderia pedir a ele para me ligar esta tarde?* ▶ Could you ask him to call me this afternoon?

atendendo o telefone | *answering the telephone*

Alô, (LondriCar). Bom dia. Pois não? ▶ Hello, (LondriCar). Good morning. Can I help you?; *Quem está falando?/Quem desejaria?* ▶ Who's calling, please?; *Pois não?* ▶ How can I help you?/Can I help you?; *Com quem o senhor/a senhora gostaria de falar?* ▶ Who would you like to speak to?; *Com quem o senhor/a senhora disse que gostaria de falar?* ▶ Who did you say you would like to speak to?; *Que bom ter notícias suas* ▶ How nice to hear from you.

discando o número errado | *dialing the wrong number*

Não é da LondriCar? Desculpe ▶ Isn't that LondriCar? So sorry; *Desculpe, eu devo ter discado o número errado* ▶ Sorry, I must have dialed the wrong number; *Desculpe o incômodo* ▶ Sorry to have troubled/have bothered you/Sorry to bother you; *Não é 33274568?* ▶ Isn't it 33274568?; E*u achei este número nas Páginas Amarelas* ▶ I found this number in the Yellow Pages; *Você deve checar o número com o auxílio à lista* ▶ You should check the number with directory inquires/assistance; *Ninguém com esse nome trabalha aqui* ▶ Nobody by that name works here; *Desculpe-me, mas o número mudou* ▶ Sorry, the number has changed; *Eu não tenho o novo número* ▶ I haven't got the new number; *Bem, eu acho que o número do telefone dele não está na lista* ▶ Well, I think his number is not in the phone directory/phone book.

identificando-se | *saying who you are*

Alô, aqui é Maria, Maria Santos ▶ Hello, this is Maria, Maria Santos/Hello, Maria Santos here of ICM; *Meu nome é Maria Santos* ▶ My name is Maria Santos/I'm Maria Santos; *Quem está falando aqui é a Maria Santos* ▶ This is Maria Santos speaking; *Aqui quem fala é a Sra. Santos* ▶ Santos speaking!

marcando/confirmando compromisso | *making/confirming an appointment*

Eu estou telefonando para ver se podemos marcar uma reunião ► I'm ringing/phoning/calling to see if we can arrange a time for a meeting; *Eu estou telefonando para confirmar as datas de entrega* ► I'm calling to confirm the dates of delivery/delivery dates; *Estou telefonando para marcar um horário* ► I'm calling to make an appointment; *Terça-feira às 10 horas está bom para você?* ► Does Tuesday at 10 o'clock suit you?/Shall we say Tuesday at 10 o'clock?; *Às 9 horas está bom para você?* ► Is 9 o'clock OK for you?; *Que horas/dia/data seria melhor para você?* ► What time/day/date would be best for you?; *Que horas/data/dia seria conveniente?* ► What time/date/day would be convenient?; *Que horas é melhor pra você?* ► What time suits you best?; *Que tal quarta?* ► How/what about Wednesday?; *Desculpe, mas eu não posso na quinta* ► Sorry, but I can't make it Thursday; *Infelizmente eu terei que visitar a nova filial de Curitiba* ► Unfortunately I've got to visit the new branch in Curitiba; *Eu gostaria de marcar uma reunião* ► I'd like to arrange a meeting; *O Sr. Ferrari estará livre na sexta-feira de manhã?* ► Is Mr Ferrari free on Friday morning?; *Terça-feira é conveniente?* ► Is Tuesday convenient?; *Sim, está bom pra mim* ► Yes, that's fine with me; *Sim, está bem* ► Yes, that's fine; *Sim, eu estarei livre então* ► Yes, I'm free then; *Qualquer horário sexta de manhã seria melhor* ► Sometime on Friday morning would be best.

pedindo para aguardar | *asking the caller to hold*

O senhor aguarda? ► Can/will you hold?; *Por favor, aguarde só um minuto* ► Please hold/One moment, please; *Ele está em outra ligação no momento. Poderia aguardar, por favor?* ► He's on another line right now. Could you please hold?; *Só um momento por favor. Eu vou localizá-lo.* ► Just a moment, please. I'll get him; *Eu vou me informar, aguarde, por favor* ► I'll get the information you want; hold the line/hold on, please.

pedindo para falar com alguém | *asking to speak to someone*

Poderia falar com o gerente de compras? ▶ Could/Can/May I speak to the purchasing manager, please?; *Alô, por um acaso o contador está?* ▶ Hello, is the accountant there by any chance?; *Eu gostaria de falar com a secretária do Sr. Ferrari, se for possível* ▶ I'd like to speak to Mr Ferrari's secretary if I may; *Ramal 339, por gentileza* ▶ Extension 339, please; *Você poderia me transferir para o departamento de pesquisa e desenvolvimento?* ▶ Could you put me through/ connect me to R&D department?

problemas com a ligação | *dealing with problems*

A linha está muito ruim, eu receio. Posso te ligar de volta? ▶ This is a very bad line, I'm afraid. Can I ring you back?; *A linha não está boa. Eu não consigo ouvi-lo* ▶ The line is not good. I can't hear you; *Eu não consigo ouvir você muito bem, a linha está falhando* ▶ I can't hear you properly, the line is breaking down; *Desculpe-me, eu não ouvi o que você falou. Você se incomodaria de repetir o preço?* ▶ I'm afraid I didn't catch what you said. Would you please repeat the price?

quando a pessoa com quem se quer falar não está (pessoa que ligou) | *when the person the caller wants to speak to is not in* (*caller*)

Que horas eu poderia falar com o Sr. Oliveira? ▶ What time could I reach/speak to Mr Oliveira?; *Ele vai estar no escritório esta tarde?* ▶ Will he be in the office this afternoon?; *Posso entrar em contato com ele na sexta-feira, lá pelas 11 horas?* ▶ Can I contact him on Friday at about 11 o'clock?; *Você tem certeza de que ele não está?* ▶ Are you sure he isn't there?; *Quando ele normalmente chega no escritório?* ▶ When does he normally/usually arrive at the office?; *Posso deixar um recado?* ▶ Can/may I leave a message?

quando a pessoa com quem se quer falar não está (pessoa que recebe a ligação) | *when the person the caller wants to speak to is not in* (*receiver*)

Ele estará no escritório no final da tarde ▶ He will be in the office late this afternoon; *Ele retornará a ligação amanhã, no início da manhã* ► He will call you back early tomorrow morning; *Gostaria de deixar recado?* ► Would you like to leave a message?; *Gostaria de ligar mais tarde?* ► Would you like to ring/phone/call back later?; *Gostaria que eu lhe desse um recado?* ► Can/Could I give him a message?; *Desculpe, ele acabou de sair* ► Sorry, he's just gone out; *Receio que ele não esteja no momento* ► I'm afraid he isn't in at the moment; *Receio que ele não esteja disponível no momento* ► I'm afraid he's not available at the moment; *Receio que ele esteja fora da cidade esta semana* ► I'm afraid he's out of town this week; *Ele está fora/ausente por alguns dias* ► He's away for a few days; *Eu vou ver/verificar se ele está* ► I'll see/check if he's here/in; *Desculpe-me. Ele está ocupado no momento* ► I'm sorry. He's busy at the moment; *O Sr. Ferrari retornará às 10 horas* ► Mr Ferrari will be back at 10 o'clock; *O Sr. Ferrari está fora da cidade* ► He's out of town; *O Sr. Ferrari não se encontra no momento* ► Mr Ferrari is not in the office at the moment; *O Sr. Ferrari está viajando* ► Mr Ferrari is travelling; *O Sr. Ferrari não se encontra na sala* ► Mr Ferrari is not at his desk; *O Sr. Ferrari está em horário de almoço* ► Mr Ferrari is out for/at lunch; *Ele está em uma conferência* ► He's at a conference; *Ele está em uma reunião* ► He's in/attending a meeting; *Ele está de férias* ► He's on vacation/holiday; *Ele está em uma viagem de negócios* ► He's on a business trip/He's away on business; *Ele está na matriz* ► He's at the head office/headquarters; *Ele está em São Paulo visitando uma feira de negócios* ► He's visiting a Trade Fair in São Paulo; *Ele está no depósito/armazém* ► He's in the warehouse; *Ele está na Argentina* ► He's in Argentina.

se despedindo | *ending a call*

OK, eu telefono novamente na semana que vem ► OK/Right, I'll phone again next week; *Muito obrigado. Tchau* ► Thanks a lot. Goodbye; *Obrigado por ligar/telefonar* ► Thanks for calling/phoning/ringing; *De nada* ► You're welcome/Not at all; *Obrigado pela ajuda* ► Thank you for your help; *Eu retorno sua ligação em breve, tudo bem?* ► I'll get back to you/I'll call you back soon, OK?; *Tá certo/tudo bem. Tchau* ► All right. Bye; *Você poderia me ligar de volta/retornar hoje/mais tarde?* ► Could you ring/phone/call me back today/later?; *Certo, eu telefono novamente na semana que vem* ► Right, I'll phone again next week.

transferindo a ligação | *tranferring calls*

Estou transferindo ► I'm putting you through/I'm connecting you; *Receio não poder responder a sua pergunta. Eu vou chamar alguém que possa ajudá-lo* ► I'm afraid I can't answer your question. Let me get someone who can help you; *Eu acho que o Sr. Ferrari pode responder a sua pergunta. Só um minuto e eu o localizo.* ► I think Mr Ferrari can answer your question. Just a moment and I'll get him; *Eu não consigo transferir para o contador, a linha está sempre ocupada.* ► I can't get through to the accountant, his line is always engaged/busy; *Desculpe-me por deixá-lo esperar.* ► Sorry to keep you waiting; *Vou transferi-lo para o atendimento ao cliente. Só um instante, por favor.* ► I'm going to put you through/connect you to customer service. Just a moment, please.

TERMOS RECORRENTES

calendário/prazo (previsto) *s.m.* | ***schedule*** *s.*

1. We are counting on you to produce the report according to *schedule*. ► *Contamos com você para fazer o relatório de acordo com o calendário previsto.* **2.** In order to meet the production *schedule*, we will have to work extra hours. ► *Para cumprir o calendário de produção previsto, precisaremos fazer hora extra.* » **antes do calendário/prazo previsto** – ahead of *schedule*; » **de acordo com o calendário/dentro do prazo** – on *schedule*; » **em atraso** – behind *schedule*. ▲ timetable (BE).

compromisso *s.m.* | ***appointment*** *s.*

1. The *appointment* with the new sales representative was made for 9.30. ► *O compromisso com o novo representante de vendas foi marcado para 9h30.* **2.** I've got to reschedule the *appointment* with Ms Fiori because I'll be away on business next week. ► *Eu tenho que remarcar o meu compromisso com a Sra. Fiori porque estarei viajando a negócios na próxima semana.* » **adiar um compromisso** – to postpone/put off an *appointment*; » **cancelar compromisso** – to cancel/call off an *appointment*; » **confirmar compromisso** – to confirm an *appointment*; » **manter um compromisso** – to keep an *appointment*; » **marcar compromisso/horário** – to make/fix/set an *appointment*; » **remarcar um compromisso/horário** – to rearrange/reschedule an *appointment*; » **perder um compromisso** – to miss an *appointment*; » **ter um compromisso** – to have an *appointment*. ■ engagement (formal). *vt.* ***agenda***.

cronograma *s.m.* | ***schedule*** *s.*

1. At the end of the meeting we agreed on the production *schedule* for the end of the year. ► *No final da reunião nós concordamos com o cronograma de produção para o final do ano.* ▲ timetable (BE).

dados[1] *s.m.pl.* | ***data*** *s.pl.*

Informações, fatos sobre um assunto em particular que alguém coletou. **1.** We need some time to analyze all the *data* before making a decision. ► *Nós precisamos de algum tempo para analisar todos os dados antes de tomarmos uma* *decisão.* » **analisar/examinar/estudar os dados** – to analyze/examine/study the *data*; » **coletar os dados** – to collect the *data*; » **fornecer os dados** – to provide the *data*; » **gravar os dados** – to record the *data*; » **usar os dados** – to use the *data*. + O termo em inglês está no plural mas normalmente é usado com o verbo no singular. O singular *datum* raramente é usado.

dados² *s.m.pl.* | ***data*** *s.pl.*

Informação que é armazenada e processada pelo computador. **1.** The secretary took a long time to feed all the *data* into the computer. ▶ *A secretária levou muito tempo para inserir todos os dados no computador.* » **acessar os dados** – to access/retrieve *data*; » **armazenar os dados** – to store *data*; » **inserir dados (no computador)** – to feed *data* into a computer; » **processar os dados** – to process *data*.

data *s.f.* | ***date*** *s.* [d]

1. I'd like to propose a *date* for our next meeting. ▶ *Eu gostaria de propor uma data para a nossa próxima reunião.* **2.** The *date* of the invoice is wrong. ▶ *A data da fatura está errada.* » **adiar uma data** – to postpone a *date*; » **confirmar uma data** – to confirm a *date*; » **concordar com uma data** – to agree on a *date*; » **marcar uma data** – to fix/arrange/set a *date*; » **propor uma data** – to propose a *date*.

data de entrega *s.f.* | ***delivery date*** *s.*

1. The *delivery date* for the new order is 2 May. ▶ *A data de entrega do novo pedido é 2 de maio.* ■ delivery time.

data de vencimento *s.f.* | ***due date*** *s.*

1. You have cleared your accounts regularly on the *due dates* since we began trading. ▶ *Os senhores têm pago suas contas nas datas de vencimento desde que começamos a negociar.* ■ expiration date, expiry date.

despacho *s.m.* | ***dispatch*** *s.*

1. We are pleased to inform you that the goods you required are already being produced and are expected to be ready for *dispatch* by the end of the week. ► *Informamos com satisfação que os produtos encomendados pelos senhores já se encontram em fase de produção e deverão estar prontos para despacho até o final da semana.* □ expedição. + O termo em inglês também pode ser grafado com "e" ao invés de "i": *despatch*.

dia útil *s.m.* | ***workday*** *s.*

1. During *workdays* I have to get up early. ► *Nos dias úteis eu tenho que levantar cedo.* ▲ working day (BE).

expediente (comercial) *s.m.* | ***office hours*** *s.pl.*

1. *Office hours* are between 8 am and 6 pm. ► *O expediente é das 8 da manhã às 6 da tarde.* **2.** Please ask Mr Moreira to call me back at any time during *office hours.* ► *Por favor peça ao Sr. Moreira para me retornar a ligação a qualquer hora durante o expediente.* ■ working hours, business hours. + Em países cuja língua materna é o inglês, esse período é entre 9 da manhã e 5 ou 6 da tarde. *vt.* ***expediente parcial***, ***expediente integral***, ***expediente flexível***, ***turno***.

expediente (fim de) *s.m.* | ***close of business*** *s.* [COB]

1. I will get back to you by *COB* September 4 with the name of the speaker. ► *Eu entro em contato com você dia 4 de setembro no final do expediente para informar-lhe o nome do palestrante.* **2.** I will e-mail you confirming delivery by *COB* tomorrow. ► *Eu mando um e-mail para você amanhã no final do expediente confirmando a entrega.* + Nos EUA e na Europa o horário comercial é geralmente das 9 da manhã às 5 da tarde, portanto o termo faz referência às 5 horas da tarde. No Brasil seria 6 horas da tarde. *vt.* ***expediente***.

expediente flexível *s.m.* | ***flextime*** *s.*

1. Well, we have *flextime*. I have to be in the office by half past eight and I can leave any time after 3.30. ► *Bem, nós temos um expediente flexível. Eu tenho que estar no escritório lá pelas 8h30 e posso sair a qualquer hora depois das 3h30.* ▲ flexitime (BE). *vt.* ***expediente***.

expediente integral *s.m.* | ***full-time*** *adj.*

1. The employees are being recruited to work *full-time* to speed up production. ► *Os empregados estão sendo contratados para trabalhar em expediente integral para acelerar a produção.* □ período integral. *vt.* ***expediente***.

expediente parcial, meio-expediente *s.m.* | ***part-time*** *adj.*

1. Suzie has got a *part time* job now. She doesn't work in the mornings, only in the afternoons. ► *Suzie conseguiu um emprego de expediente parcial agora. Ela não trabalha de manhã, só à tarde.* □ meio-período. *vt.* ***expediente***.

feriado *s.m.* | ***holiday*** *s.*

1. We are having a two-day *holiday* next week. ► *Nós teremos dois dias de feriado na próxima semana.* **2.** The sales office in Salvador will be closed next Friday because it's a local *holiday*. ► *O escritório de vendas em Salvador estará fechado na próxima sexta-feira porque é um feriado local.* » **feriado nacional** – national *holiday* (AE); bank/public *holiday* (BE); » **dia santo** – religious *holiday*.

férias *s.f.pl.* | ***vacation*** *s.*

1. When are you taking your *vacation* this year? ► *Quando você vai tirar férias este ano?* » **estar de férias** – to be on *vacation*; » **sair de férias** – to go on *vacation*; » **tirar férias** – to have/take (your) *vacation*; » **marcar/agendar as férias** – to book (your) *vacation*; » **cancelar as férias** – to cancel (your) *vacation*. ▲ holiday/holidays (BE).

folga (dia de) *s.m.* | ***day off*** *s.*

1. Yesterday I took the *day off* to go to the doctor's. ► *Ontem eu tirei o dia de folga para ir ao médico.* **2.** I take about five *days off* a year. ► *Eu tiro em média cinco dias de folga por ano.* » **tirar um dia de folga** – to take a *day off*.

(foto)cópia *s.f.* | ***(photo)copy*** *s.*

1. The *(photo)copy* is quite blurred. ► *A (foto)cópia está bastante borrada.* **2.** I need some *photocopies* of the project for the meeting on Monday, please. ► *Eu* *preciso de algumas (foto)cópias do projeto para a reunião de segunda-feira, por favor.* » **fazer uma fotocópia** – to make/do/take a *photocopy*. □ xerox. ■ xerox (copy). *vt.* ***sala de xerox***.

hora extra *s.f.* | ***overtime*** *s.*

1. At present we are doing about three hours' *overtime* a month. ► *No momento nós estamos fazendo uma média de três horas extras por mês.* **2.** How much *overtime* do you usually do a week? ► *Quanta hora extra você normalmente faz por semana?* » **fazer hora extra** – to do *overtime* (AE); to put in *overtime* (AE); to work overtime (BE).

prazo (final) *s.m.* | ***deadline*** *s.*

1. The *deadline* set by the personnel manager for applications is Friday. ► *O prazo final estabelecido pelo gerente de recursos humanos para candidatar-se ao emprego é sexta-feira.* **2.** They will have to extend the *deadline* since production is far behind schedule. ► *Eles terão que prorrogar o prazo final já que a produção encontra-se muito atrasada.* » **cumprir um prazo** – to meet a *deadline*; » **perder um prazo** – to miss a *deadline*/to fail to meet a *deadline*; » **acertar um prazo** – to set/fix a *deadline*; » **prorrogar um prazo** – to extend a *deadline*. □ prazo de entrega, data final, data-limite.

tarefa *s.f.* | ***task*** *s.*

1. Your first *task* will be to schedule our meeting for next Monday. ► *Sua primeira tarefa será agendar nossa reunião para a próxima segunda-feira.* » **realizar/executar uma tarefa** – to carry out/do a *task*; » **completar uma tarefa** – to complete a *task*; » **designar alguém para uma tarefa** – to assign somebody a *task*.

turno *s.m.* | ***shift*** *s.*

1. Are you working on the day *shift* or the night *shift* this month? ► *Você está trabalhando no turno do dia ou da noite este mês? vt.* ***expediente***.

TURISMO

aeroporto *s.m.* | ***airport*** *s.*

1. The hotel offers shuttle service to the *airport.* ► *O hotel oferece serviço de traslado para o aeroporto.* **+ aeroporto internacional** – international *airport*; **aeroporto regional** – regional *airport*; **aeroporto local** – local *airport.*

agência de viagens *s.f.* | ***travel agency*** *s.*

1. Contact the *travel agency* to find a good hotel for the conference in Fortaleza. ► *Entre em contato com a agência de viagens para encontrar um bom hotel para a conferência em Fortaleza.* □ agência de turismo. ■ travel company/firm.

agente de viagens *s.f.* | ***travel agent*** *s.*

1. The *travel agent* faxed this morning confirming the hotel booking for your business trip to New York. ► *O agente de viagens passou um fax esta manhã confirmando a reserva de hotel para sua viagem de negócios a Nova York.*

alfândega *s.f.* | ***customs*** *s.pl.*

1. The shipment of toys from China is already in *customs* to be examined and dispatched to its destination. ► *O carregamento de brinquedos proveniente da China já está na alfândega para ser inspecionado e encaminhado ao seu destino.* » **passar pela alfândega** – to go through *customs*; » **declarar alguma coisa na alfândega** – to declare something to *customs*/to clear *customs.* ■ customs house.

almoço (em bufê) *s.m.* | ***buffet lunch*** *s.*

1. The opening of the conference will be followed by a *buffet lunch.* ► *A abertura da conferência será seguida de um almoço em bufê.*

almoço (servido nas mesas) *s.m.* | ***served lunch*** *s.*

1. I faxed the hotel and asked for a *served lunch*, once we have only twenty participants for the meeting. ► *Eu passei um fax para o hotel e pedi um almoço servido na mesa, uma vez que temos apenas vinte participantes para a reunião.*

alugar *v.* | ***to rent*** *v.*

1. How much would it cost to *rent* a car for a night? ► *Quanto custaria alugar um carro por uma noite?* ■ to hire.

apresentar-se no balcão da companhia aérea *v.* | ***to check in*** *v.*

1. Passengers are usually requested to *check in* one hour before the flight. ► *Solicita-se que os passageiros apresentem-se ao balcão da companhia aérea uma hora antes do vôo.* + O termo *check in* já está incorporado à língua portuguesa, sendo portanto mais utilizado que seu correspondente em português.

avião *s.m.* | ***plane*** *s.*

1. Mr Verner is catching the 10 o'clock *plane* to São Paulo this morning. ► *O Sr. Verner vai pegar o avião das 10 horas para São Paulo nesta manhã.* **2.** He's changing *planes* in Congonhas Airport and going on to Salvador. ► *Ele vai trocar de avião no aeroporto de Congonhas rumo a Salvador.* » **pegar o avião** – to catch/get/take the *plane*; » **perder o avião** – to miss the *plane*; » **embarcar em um avião** – to board/get on a *plane*; » **desembarcar de um avião** – to get off/step off a *plane*; » **viajar de avião** – to travel by *plane*/to fly; » **trocar de avião** – to change *plane*. + *airplane* (AE) e *aeroplane* (BE) são as variantes de uso formal.

balcão de registro (da companhia aérea) *s.m.* | ***check-in desk*** *s.*

1. A representative from the company will meet you at the *check-in desk* to pass on the documents to be taken to the head office. ► *Um representante da empresa encontrará você no balcão de registro (da companhia aérea) para entregar-lhe os documentos a serem levados para a matriz.* ■ check-in counter.

café (lugar) *s.m.* | ***café*** *s.*

1. Can you pick Mr. Jones up at the airport and take him to a *café* while I finish my report? ► *Você poderia pegar o Sr. Jones no aeroporto e levá-lo a um café enquanto eu termino o meu relatório?* » **ir a um café** – to go to a *café*. ■ coffee shop/bar.

carregador (de malas em um hotel) *s.m.* | ***bell captain*** *s.*

1. The *bell captain* will take your bags up to your room. ▶ *O carregador vai levar as suas malas até o seu quarto.* ▲ porter (BE). ■ bellboy, bellhopper, bell person.

centro de convenções *s.m.* | ***convention center*** *s.*

1. Is there a *convention center* in the city? ▶ *Há um centro de convenções na cidade?* **2.** The training seminar will be held at a *convention center* next to the hotel. ▶ *O seminário de treinamento será realizado em um centro de convenções próximo ao hotel.* ■ conference center.

chave (de quarto de hotel) *s.f.* | ***room key*** *s.*

1. Here's your *room key*, Mr Goodman. Your room is on the second floor. ▶ *Aqui está a sua chave, Sr. Goodman. O seu quarto fica no segundo andar.*

check-in *s.m.* | ***check-in*** *s.*

Apresentação em balcão de hotel ou aeroporto para admissão no estabelecimento ou vôo. **1.** For the *check-in*, please have your passport at hand. ▶ *Para o check in, por favor tenha seu passaporte à mão.* **2.** What time is *check-in* for flight no. 583 to Buenos Aires? ▶ *Que horas é o check-in para o vôo 583 para Buenos Aires.* » **registrar-se em hotel ou apresentar-se em balcão de companhia aérea** – to *check in.*

cheque de viagem *s.m.* | ***traveler's check*** *s.*

1. *Travelers checks* are accepted across the United States, and change will be given in cash. ▶ *Cheques de viagem são aceitos por todo os Estados Unidos, e o troco é dado em dinheiro.* ▲ traveller's cheque (BE).

classe *s.f.* | ***class*** *s.*

Qualidade de serviços oferecidos aos passageiros em meio de transporte. **1.** A: What *class* do you want to travel? B: Business *class*, please. ▶ *A: Em que classe você gostaria de viajar? B: Classe executiva, por favor.* **+ primeira classe** – first *class*; **classe executiva** – business *class*; **classe econômica** – economy *class.*

companhia aérea *s.f.* | ***airline*** *s.*

1. A: What *airline* did you fly when you went to the congress in Porto Alegre last month? B: I flew Varig. ► *A: Por qual companhia aérea você viajou quando você foi para o congresso em Porto Alegre no mês passado? B: Eu viajei pela Varig.* » **viajar por uma companhia aérea** – to fly (Varig, Vasp etc.).

confirmação *s.f.* | ***confirmation*** *s.*

1. We've reached a total of 56 *confirmations* for the meeting so far. ► *Chegamos a um total de 56 confirmações para a reunião até agora.* **2.** Would you please send me a written *confirmation* of the participants for the training seminar? ► *Você poderia, por favor, me enviar uma confirmação por escrito dos participantes do seminário de treinamento?* » **pedir uma confirmação** – to ask for a *confirmation*; » **precisar de confirmação** – to need a *confirmation*; » **solicitar uma confirmação** – to require a *confirmation*; » **obter uma confirmação** – to get/obtain a *confirmation*; » **receber uma confirmação** – to receive a *confirmation*; » **aguardar uma confirmação** – to await/wait for a *confirmation.*

confirmar *v.* | ***to confirm*** *v.*

1. I'd like to *confirm* a reservation for a single room on December 1st. ► *Eu gostaria de confirmar a reserva de um quarto de solteiro para o dia 1º de dezembro.* **2.** I'm faxing to *confirm* the dates we discussed on the phone. ► *Estou enviando um fax para confirmar as datas que discutimos ao telefone.*

cortesia (de/como) *s.f.* | ***complimentary*** *adj.*

1. All guests received a *complimentary* breakfast. ► *Todos os convidados receberam um café-da-manhã como cortesia.* □ grátis.

diária completa *s.f.* | ***full board*** *s.*

1. I have already made a reservation for two nights at Hilton on *full board* basis. ► *Eu já reservei duas noites com diária completa no Hilton.* □ pensão completa.

diária de hotel *s.f.* | ***hotel rate*** *s.*

1. Is service included in the *hotel rate*? ► *O serviço está incluso no valor da diária do hotel?*

escala *s.f.* | ***stopover*** *s.*

1. When we had the *stopover* in Los Angeles, we had our passports checked. ► *Quando fizemos escala em Los Angeles, os nossos passaportes foram checados.* **2.** The trip to Manaus includes a forty-minute *stopover* in Brasília. ► *A viagem para Manaus inclui uma escala de quarenta minutos em Brasília.* » **fazer uma escala** – to have a *stopover*. ✚ **vôo sem escala** – non stop flight.

estação de metrô *s.f.* | ***subway station*** *s.*

1. Excuse me, where's the nearest *subway station*, please? ► *Com licença, onde fica a estação de metrô mais próxima, por favor?* » **chegar na (estação) de metrô** – to arrive at the (*subway*) *station*; to get to the (*subway*) *station*; » **partir da (estação) de metrô** – to leave the (*subway*) *station*. ▲ underground station (BE). ■ tube/metro station.

estação de veraneio *s.f.* | ***resort*** *s.*

1. Part of the *resort* will be especially closed for the annual convention of the company. ► *Parte da estação de veraneio será especialmente fechada para a convenção anual da empresa.* ▲ holiday resort (BE). ■ vacation resort. ✚ O termo *resort* já está incorporado à língua portuguesa, sendo, portanto, mais utilizado que seu correspondente em português.

estação ferroviária *s.f.* | ***train station*** *s.*

1. What's the best way to get to the *train station* from here? ► *Qual o melhor caminho para se chegar à estação ferroviária daqui?* **2.** How can I get to the nearest *train station*? ► *Como faço para chegar à estação ferroviária mais próxima?* » **chegar na (estação) ferroviária** – to arrive at the (*train*) *station*; to get to the (*train*) *station*; » **partir da (estação) ferroviária** – to leave the (*train*) *station*. ▲ rail station/railway station (BE).

estação rodoviária *s.f.* | ***bus station*** *s.*

1. The speaker is arriving at the *bus station* at 11 o'clock in the morning. Could you pick him up? ▶ *O palestrante vai chegar na rodoviária às 11 horas da manhã. Você poderia buscá-lo?* » **chegar na (estação) rodoviária** – to arrive at the (*bus*) *station*; to get to the (*bus*) *station*; » **partir da (estação) rodoviária** – to leave the (*bus*) *station.* □ terminal rodoviário.

fechar a conta (do hotel) *v.* | ***to check out*** *v.*

1. I'd like to *check out,* please. ▶ *Gostaria de fechar a conta, por favor.* **2.** We *checked out* from the hotel in time to catch the 5 pm flight to Londrina. ▶ *Nós fechamos a conta do hotel a tempo de pegar o vôo das 5 horas da tarde para Londrina.*

ficha de registro de hóspede *s.f.* | ***guest registration card*** *s.*

1. Would you please fill in the *guest registration card*? ▶ *Poderia preencher a ficha de registro de hóspede, por favor?* **2.** Ask Mr Moraes to complete the *guest registration card* as soon as he arrives. ▶ *Peça ao Sr. Moraes para preencher a ficha de registro de hóspede assim que ele chegar.* » **preencher uma ficha de registro de hóspede** – to fill in/complete a *guest registration card.*

formulário de reserva *s.m.* | ***booking form*** *s.*

1. The receptionist completed the *booking form* and asked us to confirm the booking by fax. ▶ *A recepcionista completou o formulário de reserva e pediu que confirmássemos a reserva por fax.* » **preencher um formulário de reserva** – to fill in/complete a *booking form.*

fuso horário *s.m.* | ***time zone*** *s.*

1. Check the *time zone* difference before calling Mr Lee. ▶ *Verifique a diferença de fuso horário antes de ligar para o Sr. Lee.*

garçom (de serviço de quarto) *s.m.* | ***room service waiter*** *s.*

1. The *room service waiter* will take your dinner to your room in about twenty minutes. ► *O garçom (do serviço de quarto) vai levar o seu jantar até o seu quarto em aproximadamente vinte minutos.*

gorjeta *s.f.* | ***tip*** *s.*

1. He left a generous *tip* to the waiter. ► *Ele deixou uma boa gorjeta para o garçom.* **2.** She gave the porter a $ 5-*tip.* ► *Ela deu uma gorjeta de $ 5 para o porteiro.* **» dar uma gorjeta a alguém** – to tip/to give somebody a *tip*; **» deixar uma gorjeta** – to leave a *tip.*

horário de verão *s.m.* | ***daylight saving time*** *s.* [DST]

1. During *daylight saving time,* the employees get together after work more often. ► *Durante o horário de verão os funcionários se reúnem com mais freqüência após o trabalho.*

horário local *s.m.* | ***local time*** *s.*

1. Please, call me back tomorrow at 9 am *local time.* ► *Por favor me ligue de volta amanhã às 9 da manhã, horário local.* **2.** The airplane will arrive in São Paulo at 5 pm *local time.* ► *O avião chegará em São Paulo às 5 da tarde, horário local.*

horário para registrar a saída (do hotel) *s.m.* | ***check-out time*** *s.*

Hora-limite em que um hóspede deve deixar o hotel. **1.** Call the reception and ask about the *check-out time.* ► *Ligue para a recepção e pergunte sobre o horário de saída do hotel.*

horário para registro (em hotel ou vôo) *s.m.* | ***check-in time*** *s.*

Hora prevista para se registrar em um hotel ou vôo. **1.** The official *check-in time* at the Bristol Hotel is 3 pm. ► *O horário oficial para registro (fazer o check-in) no hotel Bristol é três horas da tarde.* **2.** The *check-in time* for international flights is usually three hours before departure. ► *O horário para registro (fazer o check-in) para vôos internacionais é normalmente três horas antes da partida.*

horário (tabela) *s.m.* | ***schedule*** *s.*

1. When you arrive at the station, check the *schedule* to confirm the bus departure time. ► *Quando você chegar na estação confirme (na tabela de horários) o horário de partida do ônibus.* ▲ timetable (BE).

hospedar-se (em um hotel) *v.* | ***to stay (at/in a hotel)*** *v.*

1. When I went to São Paulo for the congress I *stayed at* the Bourbon Hotel. ► *Quando fui a São Paulo para o congresso eu me hospedei no Hotel Bourbon.* **2.** The speaker is *staying at* the Sofitel Hotel. ► *O palestrante está hospedado no Hotel Sofitel.*

hóspede *s.m.f.* | ***guest*** *s.*

1. The *guest* of room 426 has just called room service to order a sandwich. ► *O hóspede do 426 acabou de ligar para o serviço de quarto pedindo um sanduíche.* **2.** Don't forget to remind the *guests* to leave their keys at reception whenever they leave the hotel. ► *Não esqueça de pedir aos hóspedes que deixem suas chaves na recepção toda vez que se ausentarem do hotel.* » **dar as boas vindas ao hóspede** – to welcome the *guest.*

hotel *s.m.* | ***hotel*** *s.*

1. This *hotel* offers business people excellent facilities including interpreters and computer hire. ► *Este hotel oferece aos empresários excelentes instalações e serviços, incluindo intérpretes e aluguel de computador.* » **administrar/ dirigir um hotel** – to manage/run a *hotel*; » **ficar/hospedar-se em um hotel** – to stay in/at a *hotel.* **+ um hotel cinco/quatro estrelas** – a five/four-star hotel.

ingresso *s.m.* | ***ticket*** *s.*

1. My colleague has got two *tickets* for the jazz festival and has invited me to come along. ► *Meu colega tem dois ingressos para o festival de jazz e me convidou para ir com ele.* » **comprar um ingresso** – to buy/get/obtain/purchase a *ticket*; » **reservar um ingresso** – to book/reserve a *ticket.* **+ ingresso para o cinema/concerto/jogo** – cinema/concert/match *ticket.* □ bilhete.

instalações e serviços *s.* | ***facilities*** *s.*

1. I'd like some information concerning the hotel *facilities*, please. ► *Eu gostaria de informações sobre as instalações e os serviços oferecidos pelo hotel, por favor.*

instalações de lazer/recreação *s.f.* | ***leisure facilities*** *s.*

1. The hotel offers a wide range of *leisure facilities* including sauna, swimming pool, tennis courts and good shops. ► *O hotel oferece uma ampla variedade de instalações e serviços de lazer, incluindo sauna, piscina, quadras de tênis e boas lojas.* **+ sala de ginástica** – fitness center; **piscina coberta/ao ar livre** – indoor/outdoor pool; **sauna** – sauna; **quadra de tênis** – tennis court; **área de recreação** – play area; **floricultura** – florist; **bar** – bar; **restaurante** – restaurant; **boate** – night club; **loja** – shop; **cabelereiro** – hairdresser/beauty shop; **barbeiro** – barbershop.

instalações e serviços para empresários *s.* | ***business facilities*** *s.*

1. The hotel next to the beach has excellent *business facilities*, such as: interpreters, computer hire, 24-hour internet, meeting rooms, fax etc. ► *O hotel próximo à praia tem excelentes instalações para empresários, tais como: intérpretes, aluguel de computador, internet 24 horas, salas de reuniões, fax etc.* **+ televisão** – television; **aparelho de DVD** – DVD player; **retroprojetor e tela** – overhead projector and screen; **quadro branco** – whiteboard; **canetas e blocos de anotação** – pens and writing pads; **projetores de slide** – Kodak carousels; **xerox e serviços de fax a preço simbólico** – photocopying and outgoing fax services at a nominal charge; **serviço de secretário(a)** – secretarial service; **centro executivo** – business center; **salas de conferências** – conference rooms.

lavanderia (serviço de) *s.m.* | ***laundry service*** *s.*

1. Call the *laundry service* if you have any clothes to be washed or ironed. They are very efficient. ► *Ligue para o serviço de lavanderia se tiver roupas para serem lavadas ou passadas. Eles são muito eficientes.*

meia diária *s.f.* | ***half board*** *s.*

Tipo de diária em hotel que inclui, além do pouso, algumas refeições: café-da-manhã e jantar ou café-da-manhã e almoço. **1.** I called the Hilton this morning and I was told that a minimum stay of 3 nights is required for room with *half board* reservation. ► *Eu liguei para o Hilton esta manhã e me disseram que é exigida uma estadia mínima de três dias para quartos com meia diária.* □ meia pensão.

metrô *s.m.* | ***subway*** *s.*

1. How long does it take by *subway* to the business center? ► *Quanto tempo leva de metrô até o centro empresarial?* » **pegar o metrô** – to take the *subway*; » **ir de metrô** – to go on/by *subway*; » **viajar de metrô** – to travel on/by *subway*. ▲ underground, tube (BE).

número de referência *s.m.* | ***reference number*** *s.*

Números e letras que identificam um bilhete, passagem aérea/de ônibus/de trem etc. **1.** A: I want to change my ticket. B: What is the *reference number*? ► *A: Eu quero trocar minha passagem. B: Qual é o número de referência?* **+ número de referência da reserva** – booking reference number. Ex. Your *booking reference number* is G5L 8FW. ► *Seu número de referência da reserva é G5L 8FW.*

número do vôo *s.m.* | ***flight number*** *s.*

1. What's your *flight number*? ► *Qual é o número do seu vôo?* » **checar a hora do vôo** – to check the *flight number*.

ônibus *s.m.* | ***bus*** *s.*

1. I missed the 8 o'clock *bus* to London, now I have to wait for half an hour for the next. ► *Eu perdi o ônibus das 8 horas para Londres, agora terei que esperar meia hora pelo próximo.* » **pegar o ônibus** – to take/get/catch the *bus*; » **viajar de ônibus** – to travel by *bus*; » **perder o ônibus** – to miss the *bus*.

passagem *s.f.* | ***ticket*** *s.*

1. How much is an air *ticket* to Tokio? ► *Quanto custa uma passagem aérea para Tóquio?* » **comprar uma passagem** – to buy/get/obtain/purchase a *ticket*; » **reservar uma passagem** – to book/reserve a *ticket*. **+ passagem de ônibus** – bus *ticket*;

passagem de avião – airline/air/plane *ticket*; **passagem de trem** – rail/train *ticket*. □ bilhete.

passagem de ida e volta *s.f.* | ***round-trip ticket*** *s.*

1. Can I book a *round-trip ticket* from São Paulo to Fortaleza, please? ► *Posso reservar uma passagem de ida e volta de São Paulo para Fortaleza, por favor?* ▲ return ticket (BE). ■ round-trip flight. + **passagem de ida e volta com data em aberto** – open *round-trip ticket*.

passagem só de ida *s.f.* | ***one-way ticket*** *s.*

1. I'd like to book a *one-way ticket* to London. ► *Eu gostaria de reservar uma passagem só de ida para Londres.* **2.** How much is a *one-way ticket* to Paris? ► *Quanto é uma passagem só de ida para Paris?* ▲ single ticket (BE).

passaporte *s.m.* | ***passport*** *s.*

1. Please, find out if my *passport* is still valid. If not, provide all the necessary documents to renew it as soon as possible. ► *Por favor verifique se meu passaporte ainda é válido. Caso não seja, providencie os documentos necessários para renová-lo o quanto antes.* » **requerer um passaporte** – to apply for a *passport*; » **emitir um passaporte** – to issue a *passaport*; » **renovar um passaporte** – to renew a *passaport*; » **obter um passaporte** – to get/obtain a *passaport*.

ponte aérea *s.f.* | ***(air) shuttle*** *s.*

1. You can take an *(air) shuttle* from São Paulo to Rio every half an hour. ► *Você pode pegar uma ponte aérea de São Paulo para o Rio a cada meia hora.* **2.** I took the Vasp *(air) shuttle* from Rio to São Paulo. ► *Eu peguei a ponte aérea da Vasp do Rio para São Paulo.*

porteiro (de hotel) *s.m.* | ***doorman*** *s.*

1. The *doorman* helped me with my luggage and then called a taxi. ► *O porteiro do hotel me ajudou com a bagagem e depois chamou um táxi.* ▲ porter (BE).

quarto (de hotel) *s.m.* | ***(hotel) room*** *s.*

1. Your *room* is on the second floor. ► *Seu quarto fica no segundo andar.* **2.** I'll just check if we have a *room* available. ► *Eu vou verificar se temos algum quarto disponível.* **» reservar um quarto** – to book/reserve a *room*; **» desocupar um quarto** – to *vacate* a room.

quarto (serviço de) *s.m.* | ***room service*** *s.*

1. I didn't eat anything on the flight. I think I'll order something from the *room service*. What number shall I dial? ► *Eu não comi nada durante o vôo. Acho que vou pedir alguma coisa para o serviço de quarto. Que número eu devo discar?*

quarto de solteiro *s.m.* | ***single room*** *s.*

1. I'd like a *single room*, please. ► *Eu gostaria de um quarto de solteiro, por favor.*

quarto de casal *s.m.* | ***double room*** *s.*

Acomodação em hotel contendo uma cama de casal. **1.** I'd like to reserve a *double room* with private bathroom for three nights, please. ► *Eu gostaria de reservar um quarto duplo com banheiro privativo por três noites, por favor.*

quarto duplo *s.m.* | ***twin-bedded room*** *s.*

Acomodação em hotel contendo duas camas de solteiro. **1.** I'm sorry but I'm afraid we have only one *twin-bedded room* left. ► *Eu sinto muito, mas acho que temos somente um quarto duplo sobrando.* ■ twin room, twin.

recepção, balcão da *s.m.* | ***reception desk*** *s.*

1. Please, leave your key at the *reception desk*. ► *Por favor, deixe sua chave no balcão da recepção.* **2.** If you decide to have dinner out, leave a message at the *reception desk*. ► *Se vocês decidirem jantar fora, deixem um recado no balcão da recepção.* **» dirigir-se à recepção** – to report to *reception*; **» deixar (algo) na recepção** – to leave (something) at/with *reception*; **» aguardar (por alguém) na recepção** – to wait (for somebody) in *reception*.

registrar-se em um hotel (dar entrada) *v.* | ***to check in*** *v.*

1. Please, would you *check in* at the reception desk? ► *Por favor, vocês poderiam registrar-se na recepção?* **+** O termo *check in* já está incorporado à língua portuguesa, sendo, portanto, mais utilizado que seu correspondente em português.

reserva *s.f.* | ***reservation*** *s.*

1. I have already made a *reservation* for your business trip next week. ► *Eu já fiz a reserva para a sua viagem de negócios na próxima semana.* **2.** Could you confirm your *reservation* by fax, please? ► *Poderia confirmar a sua reserva por fax, por favor?* » **fazer uma reserva** – to make a *reservation*; » **mudar uma reserva** – to change a *reservation*; » **confirmar uma reserva** – to confirm a *reservation*; » **cancelar uma reserva** – to cancel a *reservation*; » **ter uma reserva** – to have a *reservation.* ■ booking.

reservar *v.* | ***to reserve*** *v.*

1. Miss Parker has already phoned the hotel to *reserve* a room for the congress in Salvador next month. ► *A Srta. Parker já ligou para o hotel para reservar um quarto para o congresso em Salvador no próximo mês.* **2.** The company *reserved* hotel rooms only for the board of directors. ► *A empresa reservou quartos de hotel somente para a diretoria.* ▲ to book (BE).

restaurante *s.m.* | ***restaurant*** *s.*

1. The hotel has an excellent *restaurant* with an international cuisine. ► *O hotel tem um excelente restaurante com cozinha internacional.* » **administrar um restaurante** – to manage/run a *restaurant.*

saguão *s.m.* | ***lobby*** *s.*

1. We're supposed to meet all the participants in the hotel *lobby* in ten minutes. ► *Temos que encontrar todos os participantes no saguão do hotel em dez minutos.* ■ foyer, entrance hall.

saguão (em aeroporto) *s.m.* | ***check-in hall*** *s.*

1. Mr Fiori is being expected at the *check-in hall* at about one o'clock. ► *O Sr. Fiori está sendo aguardado no saguão aproximadamente à uma hora.*

sala VIP (de um aeroporto) *s.f.* | ***VIP lounge*** *s.*

1. The president of the company will be taken to the *VIP lounge* so that he cannot be disturbed. ► *O presidente da empresa será conduzido para a sala VIP para não ser incomodado.*

suíte *s.f.* | ***suite*** *s.*

1. Can I book/reserve a *suite* for three nights from 12 September? ► *Posso reservar uma suíte por três noites a partir de 12 de setembro?*

táxi *s.m.* | ***cab*** *s.*

1. Where can I take a *cab*? ► *Onde posso pegar um táxi?* **2.** I'll go by *cab*. ► *Eu vou de táxi.* **3.** I'll ask my secretary to call you a *cab*. ► *Eu vou pedir a minha secretária para chamar um táxi para você.* » **pegar um táxi** – to take/catch a *cab*; » **chamar um táxi** – to call/get/order (somebody) a *cab*; » **dividir um táxi** – to share a *cab*. ▲ taxi (BE).

trajeto *s.m.* | ***trip*** *s.*

1. The *trip* from the hotel to the airport takes around twenty minutes. ► *O trajeto do hotel para o aeroporto leva aproximadamente vinte minutos.* ■ journey.

transportar (de ônibus) *v.* | ***to shuttle*** *v.*

1. The conference organizers have arranged a bus to *shuttle* the participants from the hotel to the convention center all through the event. ► *Os organizadores da conferência providenciaram um ônibus para transportar os participantes do hotel para o centro de convenções durante todo o evento.*

transporte público *s.m.* | ***public transportation*** *s.*

1. It's better to rent a car because *public transportation* in the city is terrible. ► *É melhor alugar um carro porque o transporte público na cidade é terrível.*

trem *s.m.* | ***train*** *s.*

1. The *train* to Munich leaves at 9:30. ► *O trem para Munique sai às 9h30.* **2.** All the delegation is travelling on the same *train.* ► *Toda a delegação irá viajar no mesmo trem.* » **embarcar no trem** – to board/to get on the *train*; » **pegar o trem** – to take/catch the *train*; » **viajar de trem** – to travel by *train*; » **perder o trem** – to miss the *train.*

TV a cabo *s.f.* | ***cable TV*** *s.*

1. The room at Sunset Boulevard has facilities like: fax machine, air conditioning, a fridge and *cable (TV)*. ► *O quarto no Sunset Boulevard dispõe das seguintes instalações: fax, ar condicionado, frigobar e TV a cabo.*

vaga (em hotel) *s.f.* | ***vacancy*** *s.*

1. Do you have any *vacancies* starting tonight? ► *Você tem alguma vaga a partir de hoje à noite?*

viagem *s.f.* | ***trip*** *s.*

1. The *trip* from São Paulo to Curitiba takes about one hour by plane. ► *A viagem de São Paulo para Curitiba leva aproximadamente uma hora de avião.* **2.** I'm afraid he's away on a business *trip.* ► *Infelizmente ele está fora em uma viagem de negócios.* » **fazer uma viagem** – to make/to go on a *trip*; » **estar fora em viagem** – to be away on a *trip*; » **voltar de uma viagem** – to return/come/be back from a *trip*; » **planejar uma viagem** – to arrange/organize/plan a *trip*; » **reservar uma viagem** – to book a *trip*; » **cancelar uma viagem** – to cancel a *trip*; » **prolongar uma viagem** – to extend a *trip.* ■ journey.

viajar *v.* | ***to travel*** *s.*

1. She *travels* a lot in her new job. ▶ *Ela viaja muito em seu novo emprego.*

visto *s.m.* | ***visa*** *s.*

1. Mr Costa will need a *visa* for the conference to be held in Hungary next month. ▶ *O Sr. Costa precisará de um visto para a conferência a ser realizada na Hungria no próximo mês.* » **conseguir o visto** – to get/obtain a *visa*; » **renovar o visto** – to extend/renew a *visa*; » **conceder o visto** – to give (somebody)/grant (somebody) a *visa*; » **emitir o visto** – to issue/issue somebody (with) a *visa*; » **negar o visto** – to deny somebody/refuse somebodyb a *visa*; » **precisar de um visto** – to need/require a *visa*.

vôo *s.m.* | ***flight*** *s.*

1. Mr Bond, your *flight* to São Paulo leaves at 8:30 tonight. ▶ *Sr. Bond, o seu vôo para São Paulo parte hoje às 8h30 da noite.* » **pegar um vôo** – to catch/take a *flight*; » **perder o vôo** – to miss the *flight*; » **cancelar o vôo** – to cancel the *flight*; » **confirmar o vôo** – to confirm the *flight*; » **trocar de vôo** – to change the *flight*; » **fazer uma reserva de vôo** – to book somebody on a *flight*; » **fretar um vôo** – to charter a *flight*.

vôo fretado/charter *s.m.* | ***charter flight*** *s.*

1. The company staff went to the annual meeting on a special *charter flight*. ▶ *Os funcionários da empresa foram para a reunião anual em um vôo especial fretado.*

ABREVIATURAS

@ | *at*

arroba

a/c bks | *account books*

livros contábeis

a/c payee | *account payee*

cheque nominal cruzado

A/D | *after date*

abreviatura usada na letra de câmbio para mostrar que o pagamento será feito em uma data posterior à especificada no documento

AAR | *against all risks*

seguro contra todos os tipos de perdas e danos (apólice de seguro marítimo)

acc | *accepted*

fechado, aceito, admitido

ad | *advertisement, advertising*

anúncio, publicação

aflw | *as follow*

conforme segue

afmd | *aforementioned*

previamente mencionado

agcy | *agency*

agência

AGM | *annual general meeting*

reunião geral anual

agt | *agent*

representante

AM | *airmail*

correio aéreo

AM | *anti meridian*

antes do meio-dia

AOB | *any other business*

outro assunto qualquer

appro | *approval*

adesão, acordo, aprovação

approx | *approximate*

aproximado (não exato)

APR | *annual percentage rate*

valor de porcentagem anual (porcentagem dos juros anual na dádiva de crédito e empréstimos que, pela lei, deve ser indicada pelo credor)

ARR | *accounting rate of return*

taxa de retorno contábil

asap | *as soon as possible*

o mais breve possível, o quanto antes

ASP | *american selling price*

preço de venda americano

Assoc. | *association*

sociedade

asst | *assistant*

assistente

ATM (AE) | *automatic teller machine*

caixa eletrônico, caixa automático, máquina automática para serviços bancários

attn | (*for the*) *attention* (*of*)

à atenção de

b/d | *barrels per day*

barris por dia

b/e | *bill of exchange*

carta de câmbio

BA | *bank acceptance*

aceite bancário

BACS | *banker automated clearing services*

sistema bancário automático de compensação

BCE | *Board of Customs and Excise*

Departamento Alfandegário

bt/fwd | *brought forward*

somatório trazido da página anterior (em balanço contábil)

BTW | *by the way*

a propósito, por falar nisso

c and i, C&I | *cost and insurance*

custo e seguro

C of I | *certificate of insurance*

certificado de seguro

c.c. | *copies to*

cópias para

c/a | *capital account*

conta de capital

c/a | *credit account*

conta credora

c/a | *current account*

conta-corrente

c/d | *carried down, cum dividend*

somatório trazido do topo da página (em balanço contábil)

c/f, c and f, C&F | *cost and freight*

custo e frete

c/o | *care of*

aos cuidados de

CAD | *cash against documents*

pagamento mediante apresentação dos documentos

CAP | *Common Agricultural Policy*

Política de Subsídios da União Européia

carr. fwd., CF | *carriage forward*

frete a cobrar

CBA | *cost-benefit analysis*

análise de custo-benefício

CBI | *Confederation of British Industry*

Confederação das Indústrias Britânicas

cc | *carbon copy*

cópia em carbono

cc | *clean copy*

cópia sem rasuras

CCA | *current cost accounting*

contabilidade a custos correntes

cd/fwd | *carried forward*

somatório transferido para um espaço posterior (em balanço contábil)

CD | *certificate of deposit*

comprovante de depósito

CDM (BE) | *cash dispenser machine*

caixa eletrônico, caixa automático, máquina automática para serviços bancários

cert. | *certificate*

certificado

CFC | *Federal Board of Accountacy*

Conselho Federal de Contabilidade

cfm | *confirm*

confirmar

CGC | *Federal Revenue Service – Registration of corporate taxpayers (previous designation)*

Cadastro Geral de Contribuintes

cge | *carriage*

frete, carreto

cgo | *cargo*

carga

CGT | *capital gains tax*

imposto sobre ganhos de capital

Chaps | *Clearing house automated payment system*

Sistema automático de pagamentos da câmara de compensação

CIC | *Registration of individual taxpayers with the Brazilian Revenue Service*

Cadastro de Inscrição do Contribuinte

CIF | *cost insurance freight*

custo seguro e frete, preço de mercadoria que inclui transporte e seguro

Cipa | *Internal commission for the prevention of accidents*

Comissão interna de prevenção de acidentes

CLT | *labor laws, labor code*

Consolidação das Leis de Trabalho

CNI | *National Immigration Council*

Conselho Nacional de Imigração

CNPJ | *Federal Revenue Service – Registration of corporate taxpayers (current designation)*

Cadastro Nacional de Pessoa Jurídica

Co. | *company*

empresa

COB | *close of business*

no fim do expediente comercial

COD | *cash on delivery*

pagamento contra entrega de mercadoria

Cofins | *Social security financing contribution*

Contribuição para o financiamento da seguridade social

Corp. | *corporation*

corporação

CP | *carriage paid*

frete pago (pela empresa vendedora para a entrega da mercadoria vendida)

CPF | *Individual taxpayer registration with the Federal Revenue Service*

Cadastro de Pessoas Físicas

CPI | *consumer price index*

índice de preços ao consumidor

CPMF | *Provisional contribution on financial transfers*

Contribuição provisória sobre movimentação ou transmissão de valores e de créditos e direitos de natureza financeira

cv | *curriculum vitae*

currículo

CWO | *cash with order*

pagamento no pedido

D/A | *deposit account*

conta de depósito a prazo

D/d | *delivered*

entregue

d/o | *delivery note*

recibo de entrega

D/P bill | *documents against payment bill*

letra de câmbio enviada pelo exportador juntamente com outros documentos de embarque que só será entregue para a pessoa encarregada de receber a mercadoria mediante assinatura da letra de câmbio

Darf | *a document for collection of federal revenue*

Documento de arrecadação de receitas federais

deb | *debenture, debit*

debênture, débito

dep | *departure*

partida

dep | *deposit*

depósito (bancário)

dep | *deputy*

substituto

Dept | *department*

departamento

div | *dividend, divide, division*

dividendo, dividir, divisão

DN | *debit note*

nota de débito, aviso de débito

DOB | *date of birth*

data de nascimento

DP | *data processing*

processamento de dados

DP | *delivery point*

local de entrega

DPF | *Federal Police Department*

Departamento de Polícia Federal

dpt | *depot*

depósito (lugar)

DTI | *Department of Trade and Industry*

Departamento de Comércio e Indústria

E & O E | *errors and omissions excepted*

salvo erro ou omissão

ea | *each*

cada

EC | *The European Community*

Comunidade Européia

econ | *Economics*

economia

ECU | *European Currency Unit*

Unidade Monetária Européia

EEC | *European Economic Community*

Comunidade Econômica Européia

EET | *Eastern European Time*

horário do leste europeu

EFTA | *European Free Trade Association*

Associação Européia de Livre Comércio

eg | *for example*

por exemplo

EMU | *Economic and Monetary Union*

União Econômica e Monetária

eps | *earning per share*

lucro por ação

ERM | *Exchange Rate Mechanism*

mecanismo da taxa de câmbio (conservação da taxa de câmbio estável, que faz parte da organização monetária da União Européia e começou a funcionar em 1999)

ESM | *European Monetary System*

Sistema Monetário Europeu

EST | *Eastern Standard Time*

hora-padrão do leste

ETA | *estimated time of arrival*

hora prevista de chegada

Euro- | *European: of Europe or the European Community*

Europeu: da Europa ou da Comunidade Européia

ex div | *ex dividend under dividend*

sem dividendo; diz-se de ações negociadas cujo preço de mercado não inclui mais o direito aos dividendos; ação vazia

exec | *executive*

executivo

faa | *free of all average*

forma de seguro marítimo que cobre prejuízos somente se houver perda total da carga

fao | *for the attention of*

à atenção de/o (correspondência)

faq | *fair average quality*

forma de classificação de um produto em que a qualidade do produto fornecido equivale à média da qualidade do produto extraída de um determinado número de remessas e não apenas tirada de uma única amostra

FAS | *free alongside ship*

condição de venda em que o vendedor paga pelo transporte e pelo seguro da mercadoria até o embarque no navio

fed | *federation*

federação

FGTS | *Severance pay indemnity fund, employee dismissal fund*

Fundo de Garantia por Tempo de Serviço

FIFO | *first in, first out*

primeiro a entrar, primeiro a sair (o primeiro a entrar é o primeiro a sair; sistema de avaliação do valor de estoque)

FMCG | *fast-moving consumer goods*

mercadoria de baixo custo que se usa no dia-a-dia e é de consumo rápido. (exemplos: sabão, pasta, lâmpada etc.)

FMI | *The International Monetary Fund*

Fundo Monetário Internacional

FOB | *free on board*

livre a bordo, cláusula FOB (cláusula referente a preço de mercadoria posta a bordo de navio ou aeronave, não incluindo o frete e o seguro de transporte, que correm por conta do comprador)

FOR | *free on rail*

condição de venda em que o vendedor se responsabiliza por deixar a mercadoria carregada em vagão de trem, pronta para o transporte

FOT | *free on truck*

condição de venda em que o vendedor se responsabiliza por deixar a mercadoria carregada em caminhão, pronta para o transporte

fpa | *free of particular average*

forma de seguro marítimo que cobre perda total e parcial da mercadoria

FRB | *Federal Reserve Bank* (AE)

Banco Central norte-americano

FRC | *free carrier*

condição de venda em que o vendedor paga pelo transporte e pelo seguro da mercadoria até o carregamento em um contêiner, em um determinado lugar

GA | *general average*

média geral

GAFTA | *Grain and Free Trade Association*

Associação do Livre Comércio de Grãos

GATT | *The General Agreement on Tariffs and Trade*

Acordo Geral sobre Comércio e Tarifas

GDP | *Gross Domestic Products*

Produto Interno Bruto (PIB)

GNP | *Gross National Product*

Produto Nacional Bruto (PNB)

Gp | *group*

grupo

HO | *head office*

matriz, sede, direção geral

HP | *hire purchase*

aluguel com cláusula de aquisição; acordo pelo qual o consumidor pode fazer uso das mercadorias durante o período de pagamento destas, embora o título de posse só seja assegurado depois de feitos todos os pagamentos

HQ | *headquarters*

escritório central, sede da empresa

HR | *Human Resources*

recursos humanos

HRM | *Human Resource Management*

administração de recursos humanos

IBRACON | *Brazilian Institute of Accountants*

Instituto Brasileiro de Contabilidade

IBRD | *The International Bank for Reconstruction and Development*

Banco Internacional de Reconstrução e Desenvolvimento (BIRD)

ICC | *The International Chamber of Commerce*

Câmara Internacional do Comércio

ICMS | *a state value-added tax on services and circulation of goods*

Imposto sobre Circulação de Mercadorias

IDA | *The International Development Agency*

Agência Internacional de Desenvolvimento

IFC | *The International Finance Corporation*

Corporação Financeira Internacional

IGP | *a consumer price index*

Índice Geral de Preços

ILO | *The International Labor Organization*

Organização Internacional do Trabalho (OIT)

IMF | *The International Monetary Fund*

Fundo Monetário Internacional

IMRO | *Investment Management Regulatory Organization*

Organização Regulamentar de Controle de Investimento

Inc. | *incorporated*

incorporada

info | *information*

informação

INSS | *Social Security National Institute*

Instituto Nacional do Seguro Social

intl'l | *international*

internacional

IOF | *a federal financial operations tax*

Imposto sobre Operações Financeiras

IOU | *I owe you*

abreviação de "eu devo a você". É escrito em uma nota ou documento especificando a quantia emprestada para reconhecimento da dívida.

IPI | *a federal excise tax on the manufacturing of goods*

Imposto sobre Produtos Industrializados

IPTU | *municipal property tax*

Imposto Predial e Territorial Urbano

ISE | *International Stock Exchange*

Mercado Internacional de Ações

ISS, ISSQN | *municipal service tax*

imposto sobre serviços

IT | *Information Technology*

Tecnologia da Informação

J. | *judge, justice*

juiz, magistrado

JA | *joint account*

conta conjunta

jit, JIT | *just in time*

a tempo

JSB | *joint – stock bank*

junta – banco de ações

jt | *joint*

união, ligação

LBO | *leveraged buyout*

quando uma empresa usa fundos de terceiros para realizar a aquisição de outra empresa

LC | *letter of credit*

carta de crédito

LCC | *London Chamber of Commerce*

Junta Comercial de Londres

LCE | *London Commodity Exchange*

Bolsa de Mercadoria de Londres

ld | *load*

carga

ldg | *loading*

carregamento

ldg | *landing*

descarregamento

LIBOR | *London Inter-Bank Offered Rate*

taxa de juros utilizada pelos bancos ingleses para calcular empréstimos entre bancos

LIFO | *last in, first out*

último a entrar, primeiro a sair (técnica de armazenamento e recuperação de dados)

LME | *London Metal Exchange*

Cotações de metal de Londres

Ltd. | *limited*

limitada

m | *mile*

milha

mar. | *marine*

marinha, marítimo

max | *maximmum*

máximo

MB | *Megabyte*

unidade de armazenamento

MBA | *Master of Business Administration*

indivíduo que possui título de mestre em administração de empresas

MBO | *management by objectives*

gestão por objetivos

MD | *managing director*

diretor-gerente

MD | *memorandum of deposit*

amortizações

memo | *memorandum*

memorando

mfg | *manufacturing*

produção, fabricação

Mgr. | *manager*

gerente

min | *minimum*

mínimo

MIS | *management information system*

sistema de gerenciamento de informações

mkt | *market*

mercado

MLR | *minimum lending rate*

taxa mínima de empréstimo

MMS | *Monopolies and Mergers Commission*

Comitê de Monopólios e Fusões (órgão investigativo do Governo britânico)

MO | *mail order*

vendas por catálogo

MP | *Member of Parliament*

Membro do Parlamento

Mr | *the title used for a man*

Sr.

MRP | *manufacturer's recommended price*

preço recomendado pelo fabricante

Mrs | *the title used for a married woman*

Sra.

Ms | *the title used for a married or unmarried woman*

Sra. ou Srta.

ms | *manuscript*

manuscrito

n/a | *not applicable*

não utilizável, não aplicável

NASDAQ | *National Association of Dealers in Securities Automated*

bolsa eletrônica que funciona no mercado de balcão norte-americano, ligando diretamente compradores e vendedores

NAV | *net asset value*

valor do ativo líquido

NBV | *net book value*

valor líquido segundo os livros contábeis

no., # | *number*

número

O/S | *out of stock*

fora de estoque

PM | *post meridian*

depois do meio-dia

p. | *page*

página

pa | *per annun*

por ano, anualmente

pp. | *pages*

páginas

PTO | *please turn over*

por favor, vide verso

P/L | *partial loss*

perda parcial

P/N | *promissory note*

nota promissória

payt | *payment*

pagamento

pd. | *paid*

pago

per | *for each*

para cada um

PIS | *Social Integration Program*

Programa de Integração Social

pls | *please*

por favor

PNB | *GPN (Gross National Product)*

Produto Nacional Bruto

PO | *post office*

correios

POA, PA | *power of attorney*

procuração

pos | *point of sale*

ponto-de-venda

pp | *per pro, on behalf of, with authority of someone*

por procuração

ppi | *producer price index*

índice de preço do produtor

PR | *public relations*

relações públicas

prop. | *proprietor, proprietary*

proprietário, dono

PS | *postscript*

pós-escrito, nota de acréscimo

qlty | *quality*

qualidade

qr | *quarter*

um quarto

qty | *quantity*

quantidade

quot. | *quotation*

cotação

re | *with reference to*

com referência a, em referência a

ref | *reference*

referência

rep | *representative*

representante

rgds | *regards*

saudações

sae | *self addressed envelope*

envelope no qual você coloca seu próprio nome e endereço

sd | *short delivery*

entrega parcial, sem alguns itens

sec'y | *secretary*

secretária

Sipat | *Internal week of workplace accident prevention*

Semana interna de prevenção de acidentes do trabalho

TBA | *to be announced*

a ser anunciado/publicado

TBD | *to be determined*

a ser determinado

tks, thx | *thanks*

obrigado

TPI | *tax and price index*

indicador de preços e impostos

TU | *Trade Union*

União do Comércio

USP | *unique selling point*

diferencial de venda

VIP | *very important person*

pessoa muito importante

VP | *vice-president*

vice-presidente

wc | *without charge*

sem custo

w/ | *with*

com

w/o, w/out | *without*

sem

WA | *with average*

com perda total ou parcial

wk. | *week*

semana

x | *extension*

ramal

yr | *your*

seu

yr | *year*

ano

yrs | *yours*

seus, suas, seu, sua

ÍNDICE REMISSIVO

A

D

P

INDEX

E

T

U

V

W